Gerhard Hartmann / Berthold Weckmann (Hg.)

Was mir heilig ist

topos taschenbücher, Band 1038
Eine Produktion der Verlagsgemeinschaft topos plus

Gerhard Hartmann /
Berthold Weckmann (Hg.)

Was mir heilig ist

Mit Texten von Papst Franziskus,
Khalil Gibran, Rainer Maria Rilke,
Leonardo Boff, Hans Maier,
Selma Lagerlöf u. a.

topos taschenbücher

Verlagsgemeinschaft topos plus
Butzon & Bercker, Kevelaer
Don Bosco, München
Echter, Würzburg
Lahn-Verlag, Kevelaer
Matthias Grünewald Verlag, Ostfildern
Paulusverlag, Freiburg (Schweiz)
Verlag Friedrich Pustet, Regensburg
Tyrolia, Innsbruck

Eine Initiative der
Verlagsgruppe engagement

www.topos-taschenbuecher.de

Bibliografische Information der Deutschen Nationalbibliothek
Die Deutsche Nationalbibliothek verzeichnet diese Publikation in der Deutschen Nationalbibliografie; detaillierte bibliografische Daten sind im Internet über http://dnb.d-nb.de abrufbar.

ISBN 3-8367-1038-1

2016 Verlagsgemeinschaft topos plus, Kevelaer

Einband- und Reihengestaltung: Finken & Bumiller, Stuttgart
Satz: SATZstudio Josef Pieper, Bedburg-Hau
Herstellung: Friedrich Pustet, Regensburg
Printed in Germany

Inhalt

Was ist uns heilig? 8

Papst Franziskus: Ich freue mich ... 11
Anselm Grün: Freu dich an deinem Leben 11
Otto Betz: Freundschaften sind wie Heimat 15

Papst Franziskus: Gute Kommunikation hilft uns ... 17
Mahatma Gandhi: Ein Talisman 18
Khalil Gibran: Die Musik 19
Anselm Grün: Freu dich an deinen Ritualen 23

Papst Franziskus: Wahre Liebe aber ... 23
Michael Albus: Zeit haben 24
Rainer Maria Rilke: Vom doppelten Antlitz Gottes 27
Bernardin Schellenberger: Verzicht in unserer Zeit 29

Papst Franziskus: Jesus ist ganz Barmherzigkeit ... 31
Leonardo Boff: Die grundlegende Frage der Mystik und die Antwort Meister Eckharts 32
Dionysius Areopagita: Der Heilige der Heiligen, der König der Könige 38

Nach dem hl. Patrick 40
Aloys Butzkamm: Die Weihe der Ikonen 41
Josef Imbach: Klosterschenken und Klosterläden – ein nostalgisches Relikt 44
Georg Schwikart: Jeder Tod hat sein Gelächter 48
Alois Kothgasser/Clemens Sedmak: Geliebte Menschen loslassen 53

Papst Franziskus: Mit ihrem Zeugnis ... 55
Reinhard Abeln: Petrus und Paulus – zwei Wegweiser des Heils 55
Rudolf Schermann: Vinzenz von Paul 61

Papst Franziskus: Wenn jeder seinen Teil ... 71
Monika Fink-Lang: Joseph Görres und der *Rheinische Merkur* 72
Christian Feldmann: Über Dietrich Bonhoeffer 80
James R. Brockmann: Die Mörder Romeros 84

Papst Franziskus: Alle Verantwortungsträger ... 86
Norbert Arntz: Der Katakombenpakt 87
Edmund Schlink: Die Vision des Papstes 91

Papst Franziskus: Was heißt es ... 98
Hans Maier: Religionsfreiheit 99
Gerhard Hartmann: Gedanken zum Verhältnis zwischen Staat und Kirche 109

Anselm Grün: Bilder des Glaubens 120
Würfelt Gott? Ein Hymnus auf den kosmischen Christus: 121
Herbert Vorgrimler: Jesus, der Sohn des Vaters 127
Hermann-Josef Frisch: Auf uns wartet das Leben. Was wir an Ostern feiern 133

Bernardin Schellenberger: Die Wanderkarte des Glaubens 136
Bernhard Welte: Über den geschichtlichen Ursprung des Ausfalls der religiösen Erfahrung in der Moderne 142
Gregor Maria Hoff: Ein anderer Atheismus. Spiritualität ohne Gott? 148

Papst Franziskus: Mit der Geburt Jesu ... 151
Selma Lagerlöf: In Nazaret 152
Klaus Roos: Dem Licht entgegen 157
Hermann Multhaupt: Warum es in Irland „vier Heilige Drei Könige gibt“ 161

Christa Spilling-Nöker: Ein Zuhause 162

Zu den Autoren 165

Verzeichnis der ab 2008 erschienenen und lieferbaren Bände
Aktuelle Themen 171
Geschenk 172
Lebenswissen – Lebenssinn 175
Spiritualität – Leben aus dem Glauben 178
Spirituelle Texte – Gebet – Meditation 183
Tod und Trauer – Trost und Hoffnung 186
Religiöses Sachbuch 188
Biographien und Lebensbilder 192
Theologische Reflexionen und Essays 196
Romano Guardini 198
Weihnachten und Ostern 200

Autorenregister 202

Was uns heilig sein sollte

Sie werden es in einer privaten Gesprächsrunde vielleicht schon erlebt haben. Da wird über alle möglichen Fragen engagiert diskutiert. Und plötzlich – zur Unterstreichung einer Meinungsäußerung – stellt ein Teilnehmer kurz fest: „Das ist mir heilig!“ Einige aus der Runde werden nun denken: Aha, das scheint ihm besonders wichtig zu sein. Am besten, man diskutiert dieses Thema gar nicht mehr weiter, damit die an sich friedliche Runde nicht unnötig irritiert wird, und übergeht die Angelegenheit.

Andere hingegen werden vielleicht nachdenklich und sich möglicherweise fragen: Was ist ihm bei dieser Sache so wichtig, dass er sie praktisch heiligspricht? Aber möglicherweise wird man bei dieser Frage nicht weiterkommen. Denn betrachtet man die Sache, um die es geht, näher, stellt sich nicht selten deren Banalität heraus, wie etwa: „Mein Mittagsschläfchen ist mir heilig!“

Vor 900 Jahren zogen im ersten Kreuzzug Christen von Europa in das „Heilige“ Land, um Jerusalem, die „Stadt des Friedens“, wieder zurück zu erobern. Berichten zufolge sollen dabei rund 70.000 Muslime und Juden massakriert worden sein. Im Arabischen heißt Jerusalem übrigens El Kuds, die „Heilige“. Im Hebräischen heißt heilig „kadosch“. Diese beiden Begriffe leiten sich von der semitischen Grundform *kdh ab, was so viel wie „abschneiden, absondern“ bedeutet. Das „Heilige“ wird vom Weltlichen abgetrennt, der „heilige“ Bezirk ist von der Außenwelt abgesondert. Diese Etymologie sagt bereits Vieles aus.

Islamisten rufen den „Heiligen“ Krieg aus und schonen dabei weder unschuldige Menschen noch kulturhistorisch wertvolle Denkmäler. Anfang Januar 2015 waren Europa und die ganze zivilisierte Welt über den Anschlag in Paris auf eine Satirezeitschrift erschüttert, dem 17 Menschen zum Opfer fielen. Es waren irregeleitete Fanatiker, die zur Waffe gegriffen hatten, weil sie meinten, durch die Verunglimpfungen ihrer Religion in dieser Zeitung habe man ihnen das genommen bzw. das beleidigt, was ihnen besonders „heilig“ ist.

Dieser Anschlag wurde jedoch zehn Monate später von der unfassbaren Pariser Terrorwelle des 13. November 2015 in den Schatten gestellt. Dieser „Heilige“ Krieg hat damit eine neue Dimension bekommen, und damit auch das Jahr 2015 eine besondere Signatur. Gegen den Mordanschlag im Januar demonstrierten unter Assistenz der europäischen Politprominenz medienwirksam Abertausende in Paris, um etwas Anderes zu verteidigen, was ihnen „heilig“ ist, nämlich die Meinungsfreiheit. Im Wettstreit der beiden Grundrechte Meinungs- und Religionsfreiheit hat Letztere oft das Nachsehen. „Die Spaßgesellschaft, die nichts ernst nimmt und der nichts heilig ist, stößt auf heiligen Ernst, der keinen Spaß versteht und der sie für gottlos und dekadent hält“, schrieb der bekannte Bonner Staatsrechtslehrer Josef Isensee“ im Januar 2015 in der „Frankfurter Allgemeinen Zeitung“.

Angesichts der 129 Toten des 13. November müssen wir innehalten und über jene Werte nachdenken, die gerade für uns heilig sein sollten. Das sind vor allem die biblischen Werte des Alten und Neuen Testaments, die durch die Verbreitung des Christentums, insbesondere in Europa, Allgemeingut geworden sind. „Gott schuf also den Menschen als sein Abbild; als Abbild Gottes schuf er ihn. Als Mann und Frau schuf er sie", so steht es im ersten Kapitel des Buches Genesis, Vers 27. Ohne diese grundlegenden Worte ist der Artikel 1, Absatz 1, des deutschen Grundgesetzes, „Die Würde des Menschen ist unantastbar", nicht denkbar.

Europa wurde politisch und kulturell in den vergangenen fast 2000 Jahren wesentlich vom Christentum geprägt. Selbst Menschen, die heute innerlich oder äußerlich distanziert zu ihm stehen und leben, können sich seiner Wirkung nicht vollständig entziehen. Wenn sie dazu noch ein kulturelles Interesse haben, stoßen sie unwillkürlich auf die Wirkungsmacht des Christentums und seiner Kirchen, deren Geschichte sicherlich nicht immer geradlinig oder gar „heilig" verlaufen ist.

Vielen Menschen der aufgeklärten und säkularisierten Moderne sind diese Zusammenhänge leider nicht mehr oder nurmehr unzureichend bewusst. Jedoch wären die Menschen ohne diese Grundlegungen nicht das, was sie heute sind. Die Christen sollten deshalb den Mut sowie auch den Stolz aufbringen darauf hinzuweisen, dass die Botschaft des Evangeliums die Menschheit in einen besseren Zustand gebracht hat, der ihr heilig sein sollte.

Dieses kleine Jahres-Lesebuch versammelt Texte aus Topos-Taschenbüchern und Topos-Premium-Bänden, die 2015 erschienen sind. Vielleicht empfinden Sie beim Lesen des einen oder anderen Textes die Gewissheit: Das sollte mir heilig sein.

Kevelaer, am Gedenktag des sel. Charles de Foucauld 2015

Gerhard Hartmann Berthold Weckmann

Ich freue mich …

… wenn ich höre, dass jemand unterwegs ist. Was heißt das? Dass dieser Mensch nicht verschlossen ist, dass er nicht stillsteht. Unterwegs! Auf dem Weg hin zu einem ganz bestimmten Ziel, auf der Suche nach etwas: Oft weiß ich nicht, wohin ich gelangen werde, aber ich bin auf der Suche. Das ist unserem Urvater Abraham widerfahren, zu dem der Herr gesagt hat: „Mach dich auf, geh! Geh voran!“ „Wohin?“ „Ich werde es dir sagen!“ Und er ist nicht zum Bahnhof gegangen, um eine Fahrkarte für einen bestimmten Ort zu lösen. – Er hat sich auf Wanderschaft begeben: er wusste nicht wohin, aber er vertraute auf den Herrn. Das ist eine der Eigenschaften des Christen: Unterwegs sein.

Aus Papst Franziskus: Freude sei in eurem Herzen. Ein Begleiter für jeden Tag. 2015. topos premium, Seite 45. Aus der Predigt vom 16. März 2014: „Den Glauben bekennen ohne Furcht und ohne Scham.“

Anselm Grün: Freu dich an deinem Leben

Du brauchst keine besonderen Gründe, um dich freuen zu können. Lebe einfach dein Leben. Dann gibt es genügend Grund, dich zu freuen. Du kannst dich freuen an dem, was lebendig ist, was aufblüht in dir oder in der Natur. Das Leben außen ist immer auch ein Bild für das Leben, das in dir ist.

Das Grimm'sche Märchen „Hans im Glück" beschreibt uns, dass nicht äußere Dinge für die Freude am Leben notwendig sind, weder Gold noch die Schnelligkeit und die Kraft des Pferdes, noch die Nahrhaftigkeit des Schweins oder der Gans, noch der Erfolg durch die Arbeit. Als Hans im Glück alles verloren hat, tanzt er voller Freude über seine Lebendigkeit.

Das Märchen erzählt, dass die Wetzsteine zum Scherenschleifen, die sein letzter Besitz waren, in den Brunnen fielen. Als er sie in die Tiefe hatte versinken sehen, sprang er vor Freude auf, kniete nieder und dankte Gott, dass er ihm auch diese Gnade noch erwiesen und ihn auf eine so gute Art, und ohne dass er sich einen Vorwurf zu machen brauchte, von den schweren Steinen befreit hätte, die ihm allein noch hinderlich gewesen wären. Und befreit rief er aus: „So glücklich wie ich bin, gibt es keinen Menschen unter der Sonne."

Wenn ein Mensch ganz im Augenblick ist, dann hat er alles, was er braucht. Das Märchen lehrt uns, dass wir nichts anderes zur Freude brauchen, als uns selbst. Indem ich die innere Freiheit spüre, indem ich tanze, weil ich niemandem etwas beweisen oder vorweisen muss, wird die Freude in mir immer größer. Ich freue mich einfach an der Tatsache, dass ich lebe, dass ich springen kann, dass ich da bin und diese Welt in ihrer Schönheit wahrnehme.

Versuche, wie Hans im Glück, morgens aus dem Haus zu gehen und dich einfach darüber zu freuen, dass du einen neuen Tag beginnst, dass du arbeiten kannst, dass du Menschen begegnen wirst und dass du etwas erleben wirst.

Freue dich an dem, was dir täglich begegnet, innen wie außen. Wenn du dich selbst spürst in allem, was du tust und sagst, und wenn du im Einklang mit dir bist, dann bist du auch voller Freude. Freude ist Ausdruck des inneren Einklangs, des Ausgesöhntseins mit dir selbst.

Freude ist eine Entscheidung für das Leben, das du lebst. Du willst kein anderes. Du schielst nicht nach dem Leben der anderen. Du vergleichst dich nicht. Du lebst einfach dein Leben. Das ist Grund genug zur Freude.

Dann gehe deine Lebensgeschichte durch. Du hast allen Grund, dich über vieles zu freuen, an das du dich erinnerst. Du erinnerst dich an die Freude, die du empfunden hast, als du auf das Läuten der kleinen Weihnachtsglocke in das weihnachtlich geschmückte Wohnzimmer tratst, als du den Christbaum mit den vielen Kerzen sahst. Du spürst die Freude auch heute noch, wenn du dich in diese Erinnerung vertiefst. So gibt es viele Erinnerungen, die dich mit Freude erfüllen.

Schau deine Ferien und deine Urlaubszeiten an. Da gibt es sicher viele Erfahrungen, über die du dich gefreut hast, über schöne Landschaften, über Begegnungen mit fremden Menschen und Kulturen, über die Freude am Schwimmen in einem See, der von wunderbaren Bergen umgeben war. Du erinnerst dich an mühsame Wanderungen, die von der Freude über den Gipfel gekrönt waren, den du bestiegen hast. Du hast die wunderbare Aussicht genossen. Und du warst stolz auf dich, dass du diesen Aufstieg geschafft hast.

Und Du erinnerst dich an schöne Urlaubsabende, an denen ihr gemeinsam das gute Essen und den Rotwein genossen habt, der für die Gegend charakteristisch war und der den Geschmack der Landschaft angenommen hatte.

Erzähle einem anderen deine Lebensgeschichte. Es gibt darin sicher manches Traurige und Harte. Doch im Erzählen wirst du oft genug auch Freude und Dankbarkeit spüren für das, was du erlebt hast. Indem du erzählst, wie originell du vielleicht auf die Wünsche deines Onkels oder deiner Tante reagiert hast, wie du mit einem Wort die ganze Lüge einer wohlgeordneten Verwandtschaftswelt entlarvt hast, wie du Worte gefunden hast, die die Welt der Erwachsenen durcheinandergebracht haben. Während deiner Erzählungen wirst du dich an vieles erinnern, was du vergessen hast. Im Erzählen wird es wieder präsent. Und die Freude, die du damals empfunden hast, steigt auch jetzt in dir empor, da du diese Begebenheit schilderst.

Geh deine Lebensgeschichte durch und frage dich, wo du dich gefreut hast und was dich jeweils froh gemacht hat. Oder schau einfach voller Dankbarkeit auf deine Geschichte. Dann wirst du auch Freude in dir spüren.

Freude hat auch hier mit Entscheidung zu tun: Ich entscheide mich für mich selbst. Ich erlaube mir, so zu sein, wie ich bin. Ich höre auf, mich ständig zu entwerten, mich mit anderen zu vergleichen. Ich bin ich. Ich bin von Gott geschaffen. Ich bin Gottes geliebter Sohn, Gottes geliebte Tochter. Diese Geschichte gehört zu mir. Ich bin froh, diese Geschichte erlebt zu haben.

Aus Anselm Grün: Gute Worte für das ganze Jahr. 2015. topos premium, Seite 82–84.

Otto Betz: Freundschaften sind wie Heimat

Dass eine Freundschaft entstehen kann, ist nie selbstverständlich, sondern eine Überraschung, manchmal sogar ein Wunder. Es braucht eine ganze Menge Zeit, bis man erkennt, dass aus einer Begegnung Freundschaft geworden ist.

*

Ein Leben ohne Freundschaften, das ist wie ein Garten ohne Blumen, wie eine Welt ohne Farben, wie ein Jahr ohne Feste. Haben nicht erst die Freunde die Akzente in unser Leben gesetzt?

*

Erst im Nachhinein können wir oft erkennen, wie viel wir unseren Freunden zu verdanken haben, was sie uns geschenkt haben.

*

Geht mir ein Freund verloren, entsteht in mir ein Riss, ein Stück der eigenen Wirklichkeit ist plötzlich nicht mehr da. Eine gewisse Heilung mag eintreten, weil ich so vieles in der Erinnerung bewahrt habe. Das Gedächtnis bringt mir den Freund wieder in die Gegenwart zurück.

*

Es gibt keine vollkommenen Freunde, immer sind es sehr unvollkommene Freundschaften, die wir leben. Aber ein wenig haben wir doch tatsächlich unsere Bruchstückhaftigkeit durch unsere Begegnungen überwunden.

*

Wie gut, dass wir nicht immer einer Meinung waren. Erst durch den Disput konnten wir Gemeinsamkeit und Unterscheidung genauer wahrnehmen.

*

Oft brauchten wir ein Medium, um unserer Freundschaft Nahrung zu geben: Wir lasen miteinander ein Buch oder betrachteten ein Bild, wir schauten einen Film an oder lauschten einer Musik. Und im Austausch unserer Eindrücke bauten wir eine Brücke, öffneten uns gegenseitig die Augen und die Ohren und erlebten unsere Verbundenheit.

*

Vielleicht waren die gemeinsamen Reisen ein „Königsweg" unseres freundschaftlichen Lebens. Die Klettertouren in den Alpen, die Wanderungen durch unbekannte Landschaften, aber auch die Autopannen in der Fremde, die Verständigungsschwierigkeiten im Ausland, wie haben sie uns zusammengeschweißt.

*

Wie tröstlich, dass auch eine lange Trennung unsere Freundschaft nicht unbedingt in Frage stellt, wenn der gedankliche Brückenbau aufrechterhalten bleibt.

*

Bettine Brentano hat einmal an Goethe geschrieben: „Nie denke ich etwas Schönes, ohne dass ich mich darauf freue, es Dir zu sagen." Diese Verbundenheit, dieses selbstverständliche Gespräch macht den Austausch unter Freunden aus.

*

Freundschaften ereignen sich in einem Prozess des Nehmens und Gebens. Wenn nur noch einer der Gebende ist, erschlafft die Beziehung und wird müde.

*

Die Sehnsucht nach einer idealen Freundschaft hilft uns nicht weiter, wenn wir nicht selbst auf die Suche gehen nach Menschen, mit denen wir eine Gemeinsamkeit spüren.

*

Eine Freundschaft muss nicht immer harmonisch sein: Auch Spannungen gehören zu unserem Leben und können eine Anziehungskraft entwickeln, die uns zusammenführt.

*

Freundschaften müssen nicht ewig dauern, aber sie sollten Folgen haben.

*

Matthias Claudius schreibt: „Hat Dein Freund an sich, das nicht taugt; so musst Du ihm das nicht verhalten und es nicht entschuldigen gegen ihn. Aber gegen den dritten Mann musst Du es verhalten und entschuldigen. Mache nicht schnell jemand zu Deinem Freund, ist er's aber einmal, so muss er's gegen den dritten Mann mit allen seine Fehlern sein." Ein anspruchsvolles, aber ehrliches Programm.

Aus Otto Betz: Freundschaften sind wie Heimat. Eine Einladung. 2015. topos taschenbuch 1043, Seite 7–19 (gekürzt).

Gute Kommunikation hilft uns ...

... einander näher zu sein und uns untereinander besser kennenzulernen, in größerer Einheit miteinander zu leben. Die Mauern, die uns trennen, können nur dann überwunden werden, wenn wir bereit sind, uns gegenseitig zuzuhören und voneinander zu lernen. Wir müssen die Differenzen beilegen durch Formen des Dialogs, die es uns erlauben, an Verständnis und Respekt zu wachsen. Die Kultur der Begegnung macht es erforderlich, dass wir bereit sind, nicht nur zu geben, sondern auch von den anderen zu empfangen.

Aus Papst Franziskus: Freude sei in eurem Herzen. Ein Begleiter für jeden Tag. 2015. topos premium, Seite 19. Aus der Botschaft zum 48. Welttag der sozialen Kommunikationsmittel vom 24. Januar 2014: „Kommunikation im Dienst einer authentischen Kultur der Begegnung."

Mahatma Gandhi: Ein Talisman

Ich will dir einen Talisman mit auf den Weg geben. Wann immer du Zweifel hast oder dein Ich dir zu schwer wird, dann unterzieh dich folgender Prüfung: Halte dir das Gesicht des Ärmsten und Schwächsten vor Augen, den du je gesehen hast, und frag dich, ob das, was du tun willst, irgendeinen Nutzen für ihn haben wird. Wird er daraus irgendeinen Gewinn ziehen? Wird es ihm helfen, die Kontrolle über sein Leben und sein Schicksal wiederzugewinnen? Oder anders ausgedrückt, wird es den Millionen Notleidenden und geistlich Hungernden Selbstbestimmung ermöglichen? Dann wirst du erleben, wie deine Zweifel und dein Ich dahinschmelzen.

Aus Henrike Rick (Hg.): Mahatma Gandhi. Mein Glaube ist Gewaltlosigkeit. 2015. topos taschenbuch 1016, Seite 104.

Khalil Gibran: Die Musik

Ja, die Musik ist die Sprache der Seelen; ihre Melodien sind sanfte Brisen, die auf den Saiten unserer Empfindungen spielen; sie sind zarte Finger, die an die Türen unseres Gefühls klopfen und Erinnerungen wecken; sie enthüllen Eindrücke der Vergangenheit, die unter der Decke der Nacht verborgen waren.

Ist die Musik traurig, so erinnert sie uns an leidvolle Stunden, und ist sie heiter, so beschwört sie glückliche Zeiten herauf. Die Musik ist die Summe aller traurigen Stimmen, die du hörtest und die dich betrübten; ebenso ist sie die Gesamtheit aller heiteren Stimmen, die du vernahmst und die dein Herz erfreuten. Wenn der Klang einer Saite dein Ohr erreicht, so bewirkt er entweder, dass du Tränen vergießt aus Trauer über das Fernsein des Geliebten und vor Schmerz über Wunden, die das Schicksal dir schlug, oder er malt ein Lächeln auf deine Lippen in der Erinnerung an vergangenes Glück. Schließlich gleicht die Musik der Seele eines Sterbenden, die sich aus dem Gefängnis des Körpers befreit und schwerelos emporfliegt.

Als Gott den Menschen schuf, gab er ihm die Musik als Sprache des Himmels und der Herzen. Es ist eine Sprache, die anders ist als alle Sprachen, denn sie offenbart dic Geheimnisse der Seele und hält Zwiesprache mit dem Herzen. Sie ist die Sprache der Liebe, die alle Herzen erreicht.

Aus Khalil Gibran: Geheimnisse des Herzens. Worte wie Geschenke. 2015. topos taschenbuch 1032, Seite 23.

Anselm Grün: Freu dich an deinen Ritualen

Eine besondere Weise, sich am Augenblick zu freuen, ist die Freude an persönlichen Ritualen. Ich freue mich zum Beispiel, wenn ich mich morgens nach dem Aufstehen aufrecht hinstelle und die Hände zum Segen erhebe. Ich segne die Menschen, mit denen ich heute zu tun haben werde: die Mitbrüder, mit denen ich jetzt gleich zum Chorgebet gehe, die Mitarbeiter, die im Büro etwas von mir wollen, die Menschen, die zum Kurs oder zum Vortrag kommen, und die Menschen, mit denen ich mich innerlich verbunden fühle.

Dieses Segnen ist mein Morgenritual, auf das ich mich täglich freue. Es ist keine lästige Pflicht. Wenn ich es vollziehe, dann fühle ich mich ganz im Augenblick, dann beginnt der Tag gut. Die alten Griechen begründen die Rituale mit zwei Bildern: weil unser Leben ein beständiges Fest ist, feiern wir das Leben in den Ritualen. So bekommt es einen festlichen Charakter. Das Ritual zieht den Alltag aus einer leeren Routine heraus und gibt ihm den Glanz eines Festes. Der Sinn des Festes ist, dass der Mensch dem Leben zustimmt. Jedes Fest bringt den Menschen – so der ehemalige Linzer Pastoraltheologe Wilhelm Zauner – „zum Einverständnis mit sich selbst, vermittelt Lebenssinn und Lebensfreude“. Im Ritual wird etwas von diesem Einverständnis sichtbar. Ich vollziehe das Ritual, weil ich eingebettet bin in mein Leben. Und ich zeige im Ritual, dass mein Leben getragen ist von Gottes liebender Zuwendung.

Das zweite Bild, das die Griechen mit dem Ritual verbinden, ist: Das Ritual schafft einen heiligen Ort und eine heilige Zeit.

Und heilig ist das, was der Welt entzogen ist. Die heilige Zeit gehört mir. Darüber kann niemand verfügen. Ich atme darin auf, ich fühle mich frei. Sie ist meine eigene Zeit. Ich habe das Gefühl, dass ich in ihr selbst lebe, anstatt gelebt zu werden. Die alten Griechen sagen, dass nur das Heilige zu heilen vermag. Die heilige Zeit, die ich oft auch mit einem heiligen Ort verbinde – mit meiner Gebetsecke oder mit der Kirche oder mit dem Kreuzgang –, ist heilsam für mich. Sie zeigt mir, dass ich jetzt ganz da bin, eins mit mir selbst, eins mit Gott. Das Ritual ist mir keine Pflicht, die ich erfüllen muss, sondern es schafft mitten in den Verpflichtungen des Alltags einen Freiraum, der mir gehört und der mich frei aufatmen lässt.

Es gibt aber nicht nur die Rituale, die meinem Alltag ein festliches Gepräge geben und ihn mit Freude erfüllen. Es gibt auch die Rituale, die an ganz bestimmte Feste oder Festzeiten gebunden sind. Diese Rituale vollziehen wir meistens mit anderen.

In der Adventszeit haben wir in unserem Kloster zum Beispiel vor dem Abendessen am Samstag das Ritual, dass der Speisesaal ganz dunkel ist und nur die Kerzen am Adventskranz brennen. Dann singt der Cantor den adventlichen Ruf „Rorate coeli desuper – Tauet, Himmel, von oben", und alle wiederholen diesen Vers voller Sehnsucht nach dem Einbrechen Gottes in unsere Welt. Dann ist für mich Advent. Das Ritual ruft all die Erinnerungen in mir wach, die ich seit meiner Kindheit mit der Adventszeit verbinde. Es bringt mich in Berührung mit der Freude über den Advent und über das Kommen Jesu in meinen Alltag, in mein Herz.

Auch die Rituale, mit denen wir im Kloster Weihnachten feiern, sind jedes Jahr die Gleichen. Das ist keine Routine, es erspart uns vielmehr den Leistungsdruck, uns jedes Jahr an Weihnachten mit neuen Einfällen überbieten zu müssen. Die Rituale verleihen der Zeit den festlichen Charakter, sie lassen das Geheimnis von Weihnachten aufleuchten. Diese Rituale müssen nichts Besonderes sein. Es sind aber Rituale, die nur an Weihnachten so gefeiert werden. Das genügt, um all das in meinem Herzen anklingen zu lassen, was ich in meinem Leben mit Weihnachten verbunden und an diesem Fest erfahren habe.

Zu den Festritualen an Weihnachten und Ostern gehören auch ganz weltliche Dinge: Wenn beim Frühstück an Weihnachten ein Tisch mit Weihnachtstüten oder an Ostern mit einem Osterhasen aus Schokolade gedeckt ist, dann drückt das etwas vom jeweiligen Fest aus. Dann ist das Fest erfahrbar. Natürlich sind diese kleinen Geschenke nur etwas Äußerliches. Das Eigentliche geschieht in der Liturgie, in den Gesängen, die für jedes Fest ihre charakteristische Färbung haben, in den besonderen Melodien, die das Fest im Herzen anklingen lassen.

Manchmal sind es persönliche Rituale, auf die sich die Leute freuen. Oft sind es aber auch Familienrituale: Die Leute entdecken, dass sie viel an Lebensqualität verloren haben, weil sie die Rituale abgeschafft haben. Viele bekommen dann wirklich Lust, auch in der Familie wieder Rituale einzuführen, etwa das Ritual des gemeinsamen Tischgebetes oder ein Ritual, den Sonntag gemeinsam zu beginnen, oder das Ritual, das Kind zu segnen, wenn es wegfährt und für länger von zu Hause weggeht. Oder sie lassen sich für die jährliche Geburtstagsfeier der Angehörigen Rituale einfallen, die den Tag verschönen und die Menschen miteinander auf neue Weise verbinden.

Rituale sind der Ort, an dem Gefühle ausgedrückt werden, die sonst nur selten oder gar nicht zum Ausdruck kommen.

Das tut den Menschen gut. Das vertieft ihre Beziehungen. Manchmal erzählen mir dann Menschen, dass sie sich darüber freuen, Rituale für sich neu entdeckt zu haben. Und dass sie diese Rituale gerne vollziehen, dass diese ihrem Leben eine neue Qualität und neue Freude schenken.

Aus Anselm Grün: Gute Worte für das ganze Jahr. 2015. topos premium, Seite 89–91.

Wahre Liebe aber ...

.... wird nicht mit Strenge und Aggressivität aufgezwungen! In den *Fioretti* des heiligen Franziskus findet sich folgender Ausspruch: „Wisse, die Höflichkeit ist die Schwester der Liebe, welche den Hass auslöscht und die Zuneigung bewahrt" (Kap. 37). Ja, die Höflichkeit erhält die Liebe. Und heute brauchen wir in unseren Familien, in unserer Welt, die oft so voller Gewalt und Arroganz ist, sehr viel mehr Höflichkeit. Und das kann bei uns zu Hause anfangen.

Aus Papst Franziskus: Freude sei in eurem Herzen. Ein Begleiter für jeden Tag. 2015. topos premium, Seite 19f. Aus der Audienz für Paare am 14. Februar 2014: „Die Ehe soll ein wahres Fest sein"

Michael Albus: Zeit haben

Was also ist die Zeit? Wenn mich niemand danach fragt, weiß ich es, wenn ich es aber einem, der mich fragt, erklären soll, weiß ich es nicht. So hat der heilige Augustinus geantwortet, als man ihn fragte, was Zeit sei.

Sie bleibt ein Geheimnis – die Zeit. Nicht erklärbar, nicht aufklärbar, nur scheinbar zu messen. Wenn man sie zu messen beginnt, hat man sie und hat man schon verloren.

Zeit ist da und ist nicht da. Ist sie da, ist sie schon vergangen. Schlüpfrig wie ein Fisch, der der Hand, die zufassen will, entgleitet. Wenn ich jetzt „jetzt" sage, ist jetzt schon vorbei. Ewigkeit im Augenblick. Zeit in Ewigkeit. Ewigkeit in der Zeit.

Wir sind in die Zeit hineingeboren, manche sagen auch: hineingeworfen. Und im Tode werden wir wieder hinausgeworfen aus der Zeit, hinausgeschleudert in eine Nacht, von der wir nichts wissen. Deshalb hoffen wir auch auf ein ewiges Licht. Aber wenn wir vergehen, so bleibt doch die vergehende Zeit. Vielfach sind die Versuche in der Geschichte von uns Menschen, der Zeit auf die Spur zu kommen. Es geht einfach nicht. Die Zeit weicht aus, fliegt, entzieht sich.

Auf einer alten Sonnenuhr in einem kleinen Hafen in der Bretagne steht der Satz:

Tempus fugit velut umbra – die Zeit flieht einem Schatten gleich.

Wir fliehen mit ihr. Aber wohin? Die Zeit – voller Tücken und Fallen. In der Geschichte des Abendlandes, vor allem nach dem Eintritt des Christentums in diese Geschichte, wird bald der Versuch sichtbar, die Zeit in den Griff zu bekommen, ihrer habhaft zu werden. Man sperrte die Zeit ein, hielt sie fest in Maßen und Strecken, teilte sie ein, zerteilte sie. Zeit wurde Menschen-Zeit.

Aber was ist Zeit? Wem gehört sie? Ist sie Eigentum Gottes oder Besitz der Menschen?

Zeit hat etwas mit dem Grund- und dem Urverständnis unseres Glaubens zu tun. Der Glaube ist die Schnittlinie, die Wasserscheide zwischen Zeit und Ewigkeit ... Wer glaubt, weiß seine Zeit „in Gottes Händen"? In Gottes Händen hat alles „seine" Zeit.

In das Geheimnis, das wir Gott nennen, kann man nur eintauchen und sich versenken, wenn man Zeit nicht als Strecke versteht, auf der sich Zeitpunkt nach Zeitpunkt aneinanderreihen. Man muss verweilen, innehalten, das Rasen im Kreis, das Rennen der Uhrzeiger, das digitale Springen anhalten. Das Geheimnis Gottes entzieht sich dem linearen Zeitverständnis. Man kann es nur erahnen in einer sich langsam erfüllenden, schließlich erfüllten Zeit. [...]

Gott sei Dank gibt es noch Orte, an denen die erfüllte Zeit erfahren werden kann. Cîteaux und Taizé sind solche Orte. Dort wird nicht nur das Lob Gottes gesungen, sondern die Zeit hat dort Qualität, nicht mehr nur Quantität. Um wirklich mystisch zu leben, braucht man viel Zeit. Wir haben eine Rasanz, eine Geschwindigkeit, eine Überhitztheit in die privaten und öffentlichen Lebensprozesse hineingebracht, die in Wirklichkeit keinen Fortschritt mehr bedeuten. Keuchend, Hamstern gleich, rennen wir im Rad, das sich immer nur auf der Stelle dreht.

Wir wissen vor lauter Informationen nicht mehr, welche Information wichtig, weniger wichtig und welche unwichtig ist. Wir speichern, ohne zu fragen, ob es sich zu speichern lohnt.

Wir speichern weit mehr als das, worüber wir in den Grenzen unserer menschlichen Natur und in der Zeit unseres Lebens überhaupt verfügen können. Wir überhitzen unsere Arbeitsprozesse, unsere Tages- und Nachtabläufe, unsere Bewegungen von einem Ort zum andern so sehr, dass wir dabei richtig krank werden am Leib und an der Seele.

Der Überhang an Zukunftserwartungen, die Inflation der Ansprüche, der Dauerstress durch allzu schnelle Veränderung, sie könnten nicht so fatal wirksam werden, wenn sich in unserem Verhältnis, in unserer Beziehung zur Dimension der Zeit, zu Vergangenheit, Gegenwart und Zukunft also, ein tiefgreifender Wandel vollziehen würde. Er wird sich nicht von selbst vollziehen. Wir müssen ihn selbst vollziehen. Wir müssen langsamer bis langsam werden. Kaum mehr vorstellbar für die Heere der Gestressten, die atemlos durch das Leben hasten und am Schluss eigentlich nicht gelebt haben.

Das Haus des Lebens ist gebaut aus Zeit. Weniger ich selbst als vielmehr die Zeit baut am Haus meines Lebens. Und beständig wird umgebaut. Auch in den langweiligsten Biografien finden permanent Abrisse, Um- und Neubauten statt. Die Menschen, die im Haus der Zeit wohnen, sind Gäste; sie hausen nur vorübergehend in ihren Wohnungen. Gäste fragen immer wieder nach dem Weg, wie es weiter geht. Wenn ich ein Stück weiter weiß, dann ziehe ich um.

Die Zeit hat verschiedene Rhythmen und Geschwindigkeiten, sie hat auch verschiedene Langsamkeiten. Der Zeittakt wechselt im Lauf des Lebens. Aber nicht nur meine Zeit hat verschiedene Takte, sondern auch die Zeit der anderen, die Zeit der Natur, die Zeit der Tiere und Pflanzen. Alles hat seine Zeit und seine Stunde. Ich kann im Grunde nicht festlegen, wann diese oder jene Zeit in meinem Leben „an der Zeit“ ist. Oft werde ich gegen meinen Widerstand ohnmächtig, in ein wechselndes Geschehen hineingezwungen. Das ist eine alte Menschheitserfahrung. Wer sie ignoriert, den holt sie unvermutet und unerwartet wieder ein.

Auch wenn es für viele paradox klingt, unvorstellbar erscheint: Entscheidend ist die Langsamkeit. Die Langsamkeit ist der Vorgeschmack der ewigen Zeit, der Ewigkeit. Einer Zeit, in der tausend Jahre vor Gott wie ein Tag, wie eine Wache in der Nacht sind. [...]

Zeit bleibt paradox. Es geht uns mit ihr, wie es Augustinus ging. Wir haben Zeit. Und wir haben sie nicht. Manchmal ist es schwer, sich damit einverstanden zu erklären.

Zeit, die wir nicht für uns in Anspruch nehmen, ist heilige Zeit. Und Taizé ist ein Ort, an dem dies geschehen kann. Dort ist Zeit dafür.

Aus Michael Albus: Taizé. Die Einfachheit des Herzens. 2015. topos taschenbuch 1002, Seite 45–51 (gekürzt).

Rainer Maria Rilke: Vom doppelten Antlitz Gottes

Ach in der Kindheit, Gott: wie warst du leicht:
Du, den ich jetzt von nirgend wiederbringe.
Man lächelte nach seinem Lieblingsdinge;
es rollte zu: da warst du schon erreicht.

Und nun mein Herr, wo reis' ich hin zu dir?
Wo fahr ich ein? Auf wasfür Berge steig ich?
Fragt einer dich: nach welcher Stelle zeig ich.
Wo weht dein Hain? Wo geht dein Tier?
Wo ist das Wasser neu, daß ich mir wasche
Gesicht, Geschlecht: ich war noch niemals rein.
Wo wandelst du Geweihtes um in Asche
mit deinem feuerigen Augenschein.
Reizt der Geruch von allen unsern Lastern
nicht deines Zornes Brunst. Was wartest du?
Was machst du nicht die Dringendsten zu Fastern
und schleuderst ihnen erst den Engel zu
wenn sie sich winden unter ihrem Blut?
Herr, sei nicht gut: sei herrlich; widerleg
das Hörensagen, das sie an dir rühmen:
zerbrich das Haus, zerstör den Steg
und wälz ein Nest von Ungetümen
dem Flüchtling an den Nebenweg.

Denn so sind wir verkauft an kleine Nöte,
daß alle meinen Jahr um Jahr
wenn einer ihnen beide Hände böte
so wär ein Gott. Du Notnacht voller Röte,
du Feuerschein, du Krieg, du Hunger: töte:
denn du bist unsere Gefahr.

Erst wenn wir wieder unsern Untergang
in dich verlegen, nicht nur die Bewahrung,
wird alles dein sein: Einsamkeit und Paarung,
die Niederlage und der Überschwang.

Damit entstehe, was du endlich stillst,
musst du uns überfallen und zerfetzen;
denn nichts vermag so völlig zu verletzen
wie du uns brauchst, wenn du uns retten willst.

Rainer Maria Rilke, in: Otto Betz, Weiter als die letzte Ferne. Mit Rainer Maria Rilke die Welt meditieren. 2015. topos taschenbuch 1014, Seite 133–135.

Bernardin Schellenberger: Verzicht in unserer Zeit

Unsere Verzichte sollten diese Offenheit fördern; sie sollten deutlich machen, dass uns nichts anderes befriedigen kann als Gott und dass wir uns durch keine vorübergehenden Befriedigungen den Hunger und Durst nach dieser einen und einzigen wesentlichen Befriedigung mäßigen lassen wollen. Würden wir uns darauf intensiver einlassen, gerade als Menschen einer Wohlstandsgesellschaft, die sich durchaus vieles leisten könnten, dann kämen wir vermutlich den Fragestellungen der oben als Beispiel genannten modernen „Propheten" sehr viel näher und hätten etwas Wesentliches dazu beizutragen.

Allem Anschein nach lernt die Menschheit derzeit von allein die bittere Lektion, dass sie den Frieden, ein irdisches Paradies und einen tragenden Lebenssinn aus eigenen Kräften nicht zu schaffen imstande ist. Und just zur gleichen Zeit scheinen wir Christen dabei, die – zweifellos richtige – Einsicht, man dürfe die Seligpreisungen der Bergpredigt nicht dazu missbrauchen, die Armen in ihrer Armut zu lassen und auf ein besseres Jenseits zu vertrösten, derart eifrig zu beherzigen, dass wir übersehen, wie in der Bergpredigt eben *doch* die Armut, die freiwillig gewählte oder aus Liebe getragene Armut, als der bevorzugte Ort der Gotteserfahrung angegeben wird.

Ist uns der Instinkt der Heiligen aller Jahrhunderte verlorengegangen, der sie mit geradezu unvernünftiger Leidenschaft immer wieder die Armut, die Entbehrung, die Mühsal suchen ließ, weil sie sich dort Gott am nächsten wussten und ihn auch tatsächlich darin gefunden haben? Verstehen wir noch den Wüstenvater, der zu seinen Brüdern gesagt hat: „Sind wir nicht wegen der Mühe an diesen Ort gekommen? Und nun bereitet er keine Mühe mehr! Ich habe meinen Mantel hergerichtet und gehe dahin, wo Mühe ist, und dort finde ich Ruhe!"? Machen sich die Menschen der westlichen Welt genügend Gedanken darüber, dass sie den Ländern der Dritten Welt mit ihren wirtschaftlichen Errungenschaften auch ihre Langeweile, ihren Lebensüberdruss und ihre Selbstmordraten importieren? Und dass es deshalb unverantwortlich ist, ihnen unsere eigene Kultur oder Unkultur als ein befreiendes und erlösendes Evangelium vorzugaukeln, statt ihnen deutlich zu sagen: Wir stecken selbst in einer Sackgasse und spüren überdeutlich, dass Sinn und Erfüllung des menschlichen Lebens in einer ganz anderen Richtung zu suchen sind?

Wenn der weltweite Feldzug gegen die materielle Armut nicht einhergeht mit einem neuen Aufbruch des Ideals der geistlichen Armut, führt er in eine geradezu höllische Form der Armut, die bar jeder Hoffnung und Zukunft ist. Das ist die Problematik, die uns Mönchen und Ordensleuten auf den Nägeln brennen und uns zu einem konsequenten Lebensstil herausfordern muss, ja die alle Christen beunruhigen muss. Manfred Mezger schrieb in der Zeitschrift „Radius“: „Du musst so leben, dass er [Jesus] jeden Tag kommen könnte. Aber die das sagen, sehen gar nicht danach aus. Kriegt man mit ihnen zu tun, so merkt man bald: Sie schreiben ihren Aufsatz nicht schöner, sie erziehen ihre Kinder nicht besser, sie nehmen's mit der Wahrheit nicht genauer als andere Leute. Sieht man gar, wie komfortabel sie ihr Leben einrichten, so weiß man: Gar so bald wird Jesus nicht kommen; heute bestimmt nicht; morgen vielleicht.“

Aus Bernardin Schellenberger: Ein anderes Leben. Was ein Mönch erfährt. 2015. topos taschenbuch 1003, Seite 33–35.

Jesus ist ganz Barmherzigkeit ...

... Jesus ist ganz Liebe: er ist der menschgewordene Gott. Jeder von uns, jeder von uns ist jenes verlorene Schaf, jenes verlorene Geldstück; jeder von uns ist jener Sohn, der seine Freiheit vergeudet hat, falschen Götzen, Blendwerken des Glücks gefolgt ist und alles verloren hat. Doch Gott vergisst uns nicht, der Vater verlässt uns nie. Er ist ein geduldiger Vater, er erwartet uns immer! Er respektiert unsere Freiheit, doch er bleibt immer treu. Und wenn wir zu ihm zurückkehren, nimmt er uns in seinem Haus wie Kinder auf, da er niemals aufhört, auch nicht einen Augenblick, uns voll Liebe zu erwarten. Und sein Herz feiert ein Fest für jedes Kind, das zurückkehrt. Er feiert ein Fest, weil es eine Freude ist. Gott hat diese Freude, wenn einer von uns Sündern zu ihm geht und um seine Vergebung bittet.

Aus Papst Franziskus: Freude sei in eurem Herzen. Ein Begleiter für jeden Tag. 2015. topos premium, Seite 126. Aus der Ansprache beim Angelusgebet vom 15. September 2013: „Die Barmherzigkeit ist die wahre rettende Kraft."

Leonardo Boff: Die grundlegende Frage der Mystik und die Antwort Meister Eckharts

Möglicherweise hat kein christlicher Mystiker die Erfahrung der Einheit von allem mit allem und mit Gott präziser zum Ausdruck gebracht als Meister Eckhart. Selbstverständlich erörtert er diese grundlegende Frage innerhalb des christlichen Horizontes, näherhin des Dogmas von der Dreieinigkeit Gottes. Doch er gibt dem eine höchst persönliche Ausprägung, die ihn bis heute berühmt macht.

Vor allem anderen bildet bei ihm eine frappierende Erfahrung den Anfang: die Ähnlichkeit der Dinge untereinander. Die große Mehrzahl der Leute staunt darüber – um ein Beispiel anzuführen, das Meister Eckhart selbst erwähnt –, dass ein Grashalm sich so sehr vom anderen unterscheidet. Meister Eckhart sieht dies nicht so. Für ihn ist die Tatsache noch viel staunenswerter, dass die Dinge einander so ähnlich sind.

Diese Einheit aller Dinge wurzelt in der Einheit Gottes. Dass er eins sei, stellt für Meister Eckhart die höchste und letzte Wirklichkeit Gottes dar. Dies ist grundlegender als das Sein, die Güte, die Gerechtigkeit und die Liebe. „Denn Gutheit und Gerechtigkeit sind ein Kleid Gottes, da sie ihn umkleiden. Drum schneidet von Gott all das ab, was ihr umkleidet, und nehmt ihn rein in der Kleiderkammer, wo er aufgedeckt und entblößt in sich selbst ist." Hier ist Gott als einer und Einheit. „... darin, dass Gott eins ist, ist Gottes Gottheit vollendet [...] er wäre sonst nicht Gott. [...] Alles, was Zahl ist, hängt vom Einen ab, und das Eine hängt von nichts ab." So ist Gott. [...]

Was ist dieses Eine nun letztendlich? Meister Eckhart antwortet darauf in einer schwierigen spekulativen Überlegung: „Eins meint das, dem nichts zugelegt ist [...] Eins ist ein Verneinen des Verneines. Alle Kreaturen tragen eine Verneinung in sich; die eine verneint, die andere zu sein. *Ein* Engel verneint, dass er ein anderer (Engel) sei. Gott aber hat ein Verneinen des Verneinens; er ist Eins und verneint alles andere, denn nichts ist außerhalb Gottes. Alle Kreaturen sind in Gott und sind seine eigene Gottheit, und das bedeutet die Fülle. [...]

Zu sagen, Gott sei die Verneinung der Verneinung, heißt sagen, dass Gott reine Bejahung, Affirmation, ist, dass er nichts als Positivität ist, ohne irgendeiner Begrenzung zu unterliegen. Deshalb ist Gott nicht so wie die Kreatur, die sich an einem Ort befindet und nicht an allen Orten gleichzeitig sein kann. Wo sich eine Kreatur aufhält, da kann keine andere sein. Gott verneint diese Verneinung, denn er, und nur er allein, kann an allen Orten zugleich sein. Gott ist ganz in jeder Kreatur, in jeder einzelnen wie in allen.

Wenn Gott also so sehr Einer ist, dass er im Innersten jedes Wesens ist, wie ist es dann möglich, dass es neben ihm andere Wesen gibt? Wie vollzieht sich der Übergang vom Einen zum Vielfältigen? Ist es möglich, die Dreieinigkeit als Miteinander-Sein von Vater, Sohn und Heiligem Geist zu denken, die doch nur ein einziger Gott sind?

Meister Eckhart gibt zur Antwort, dies sei möglich, weil diese Einheit aus sich selbst heraus dynamisch und überströmend ist. Es ist nicht nur eine Einheit, die ausschließlich Gott zukommt, sondern auch eine Einheit, die in allen übrigen Seinsformen beschlossen liegt. [...]

Gott ist grundlegend Leben. Leben ist freies Ausströmen, ohne dass es nötig wäre, nach dem Warum zu fragen: „Wer das Leben fragte tausend Jahre lang: ‚Warum lebst du?' – könnte es antworten, es spräche nichts anderes als: ‚Ich lebe darum, *dass* ich lebe.' Das kommt daher, weil das Leben aus seinem eigenen Grunde lebt und aus seinem Eigenen quillt; darum lebt es ohne Warum eben darin, dass es (für) sich selbst lebt." So ist der lebendige Gott.

Um diese dem Leben und dem Einen innewohnende Dynamik zum Ausdruck zu bringen, verwendet Meister Eckhart die Begriffe *bullitio* und *ebullitio*, die man etwa mit quellen, ständig in Bewegung sein, bzw. hervorquellen wiedergeben könnte. Gott ist ein Prozess ohne Veränderung, der beständig in Aufwallung und Hervorquellen gärend und überströmend ist. Die *bullitio* meint den lebendigen Prozess des Hervorgangs der drei göttlichen Personen und die *ebullitio* das Wirken der Dreieinigkeit für die Kreaturen nach außen bzw. von außen betrachtet. Dieser gesamte Prozess macht den Übergang vom Einen zum Vielfältigen, ohne das Eine zu beeinträchtigen, offenkundig. Es ist vielmehr so, dass aus seinem überbordenden Reichtum alles hervorströmt und sich ausbreitet.

Eckhart behält das Wort „Gottheit“ für Gott in dieser absoluten Einheit vor. Und er verwendet das Wort „Gott“ für den innertrinitarischen und schöpferischen Prozess. Aus dem ungestümen Quellen der Einheit bricht die Dreieinigkeit von Vater, Sohn und Heiligem Geist hervor, die jedoch die Einheit nicht zerbricht, denn die göttliche Natur bleibt stets eine und eine einzige. Deshalb muss man von Ein-Dreieinigkeit sprechen. Der Vater legt sich im Sohn aus, und der Sohn kehrt zum Vater zurück. Doch damit die beiden eins sind, wird der Heilige Geist vom Vater und vom Sohn als die Verbindung und das Band zwischen beiden ausgehaucht. Im Prozess der Zeugung bzw. Geburt des Sohnes, seines absoluten Ebenbildes, bringt der Vater zugleich alle übrigen Seinsformen hervor.

Um das zu verstehen, müssen wir das Verhältnis zwischen Gott und den ewigen Ideen verstehen. Alle Kreaturen sind zunächst ewige Ideen im Geist des Vaters. Darin existieren sie als Urbilder. Als solche unterscheiden sie sich nicht von der Natur Gottes, denn in Gott gibt es keinerlei Trennung, weder zwischen Wesen und Sein, noch zwischen Denken und Wirklichkeit. In Gott ist alles göttlich, das heißt alles ist Gott. Wir existieren als von Ewigkeit her gedachte und geliebte Ideen Gottes. Wir sind ewig aufgrund der Ewigkeit Gottes.

Meister Eckhart sieht die Wirklichkeit nicht von außen, als etwas Geschichtliches, das in sich selbst bestand hat. Er leugnet diese Dimension nicht. Doch er verharrt bei der Betrachtung der Wirklichkeit, sofern sie Idee Gottes und in Gott ist, der Wirklichkeit als Verwirklichung eines göttlichen Ratschlusses. Deshalb ist jede Seinsform ewig, unendlich, göttlich und eins mit Gott. [...]

Alle Dinge haben zwei Seiten: eine Gott zugewandte und eine der Welt zugewandte Seite. Die Gott zugewandte Seite lässt uns alles als ewig und unendlich sehen wie Gott selbst. Die der Welt zugewandte Seite lässt uns alles als geschaffen und zeitlich, fern von Gott, sehen. Die Mystik Eckharts konzentriert sich darauf, die Dinge zu betrachten, sofern sie ewig in Gott sind. Er sieht die zeitlichen Dinge und unsere eigene Sohnschaft, sofern sie ewige Ideen und Urbilder in Gott sind. Für ihn stellt dies keine bloße Spekulation dar. Die Predigten zeigen, dass eine solche Betrachtung eine glühende Mystik begründet, die sich in neuen, anregenden Wortschöpfungen ausdrückt, welche die lebendige Erfahrung Meister Eckharts wiedergeben.

Einmal wurde Eckhart gefragt, ob er von Ewigkeit her Gottes Sohn sei. Seine Antwort lautete: Ja und nein. Ja, sofern der Vater mich von Ewigkeit her gebar; nein, sofern ich nicht der eingeborene Sohn bin.

Eine jegliche Kreatur trägt in sich die Idee Gottes (Urbild). Eckhart nennt dies Flamme, Funke, Fünklein. Diese Flamme erlischt nicht und kann nicht gänzlich erstickt werden. Sie kann lediglich verdeckt werden. Welcher Natur ist diese Flamme? Zu diesem Thema gibt es eine nie enden wollende Diskussion, da sich Meister Eckhart verschiedener Ausdrücke bedient. In einem berühmten Textabschnitt sagt er: „... dies Fünklein ist Gott so verwandt, dass es ein einiges Eines ist, unterschiedslos, das (doch) die Urbilder aller Kreaturen in sich trägt, bildlose und überbildliche Urbilder."

Wenn wir die Perspektive, die Eckhart einnimmt und die ihn alle Kreaturen sehen lässt, insofern sie Ideen Gottes und Wirklichkeiten in Gott selbst sind, ernst nehmen, dann können wir das „Fünklein" im Rahmen einer rechtgläubigen Auffassung interpretieren. Man darf es nicht als etwas ansehen, das der Schöpfung angehört, sondern man muss es als etwas streng Theologisches betrachten, das heißt es muss von der Natur Gottes selbst her gesehen werden, noch vor der Schöpfung, als alles noch im ewigen Ratschluss Gottes lag. In dieser Perspektive müssen auch Aussagen Meister Eckharts wie die folgende verstanden werden: „Zwischen jenem Menschen und Gott jedoch gibt es nicht nur keinen Unterschied, sondern da gibt es auch keine Menge, da gibt es nichts als Eines." Von der Schöpfung aus gesehen ist eine solche Aussage falsch. Von der Ewigkeit, den Ideen Gottes (die ja Gott selbst sind) her kann sie richtig gedeutet werden.

Die berühmte Rede von der Gottesgeburt in der Seele kann innerhalb dieser theologischen Mystik interpretiert werden. Der Vater gebiert ewig den Sohn von gleicher Natur. Der Sohn ist das ewige und unendliche Abbild des Vaters. Doch Gott in seiner Liebe gebiert den Sohn in der Seele, denn er möchte hier Vollkommenheit, Licht und Gnade hineinlegen. In der Seele gebiert der Vater sein Bild, und in uns ersteht auch dieses Bild. In der Predigt 40 erläutert Meister Eckhart diesen Prozess genauer: „Wenn der Mensch das göttliche Licht, das Gott naturhaft in ihm erschaffen hat, bloßlegt und aufdeckt, dann wird Gottes Bild in ihm offenbar. Am Gebären nämlich ist die Offenbarung Gottes zu erkennen, denn dass der Sohn von dem Vater *geboren* heißt, kommt daher, dass der Vater ihm auf Vaterweise sein Geheimnis *offenbart*. Und darum: Je mehr der Mensch und je klarer er Gottes Bild in sich entblößt, umso klarer wird Gott in ihm geboren. Und so denn ist das Gebären Gottes allzeit danach zu fassen, dass der Vater das Bild entblößt, aufdeckt und in ihm leuchtet."

Welcher Prozess muss durchlaufen werden, damit sich die Gottesgeburt in der Seele vollzieht? Eckhart zeigte einen Weg auf, den er *Abgeschiedenheit*, vollkommene Freiheit, vollkommene Verfügbarkeit und völliges Loslassen, Gelassenheit, nannte.

Leonardo Boff, in: Meister Eckhart: Vom Trost Gottes. Mit einer Einführung von Leonardo Boff. 2015. topos taschenbuch 1010, Seite 32–39 (gekürzt).

Dionysius Areopagita: Der Heilige der Heiligen, der König der Könige

Was darüber zu sagen war, ist, glaube ich, an ein angemessenes Ziel gelangt. So müssen wir nun Den, der unzählige Namen hat, als den Heiligen der Heiligen preisen und als den König der Könige, den König von Ewigkeit zu Ewigkeit und noch weiter den Herrn der Herren und den Gott der Götter! Und zuerst müssen wir sagen, was wir unter der Heiligkeit selbst verstehen, unter dem Königtum, der Herrschaft der Gottheit, und was die Heilige Schrift durch die Verdoppelung der Namen offenbaren will.

Heiligkeit also ist (nach der bei uns üblichen Auffassung) die von jedem Frevel freie, ganz vollkommene und ganz unbefleckte Reinheit. Königtum aber ist die Verteilung aller Begrenzung, der Welt, des Gesetzes, der Ordnung. Herrschaft ist nicht nur der Vorrang vor Niederem, sondern der Vollbesitz alles Schönen und Guten und die wahre, unerschütterliche Festigkeit; deshalb bedeutet Herrschaft, von Herr abgeleitet, auch das Feste und Beherrschende. Gottheit aber ist die alles schauende Vorsehung, die in vollkommener Güte alles mit Ihrem Blick umfasst und zusammenhält und durch sich selbst alles erfüllt und übersteigt, was an der Vorsehung Anteil hat.

Dies nun ist von der alles übersteigenden Ursache absolut zu sagen, und es ist hinzuzufügen, dass sie die überragende Heiligkeit und Herrschaft ist und das allerhöchste Königtum und die einfachste Gottheit. Denn von ihr allein und auf einmal geht aus und wird verteilt alle genaue Unvermischtheit aller lauteren Reinheit, alle Ordnung und Einteilung des Seienden, die Unstimmigkeit, Ungleichheit, Unebenmäßigkeit ausschließt und zu wohlgeordneter Selbigkeit und Richtigkeit freudig zusammenführt, was der Teilnahme an ihr gewürdigt wird; sie ist ganz vollkommen und alles Schönen Vollbesitz, die ganze gute Vorsehung, die alles schaut und erhält, wofür sie Sorge trägt, und sich gütig hingibt zur Vergöttlichung dessen, was sich ihr zuwendet.

Weil aber der Urheber aller Dinge die Überfülle aller ist, wird Er seines alles übersteigenden Übermaßes wegen als der Heilige der Heiligen gepriesen, und so auch das andere, was der überragenden Ursache und dem unvergleichlichen Vorrang entspricht. Z. B. wenn man sagen würde: Wie das Heilige und Göttliche, das Herrschende und Königliche das übertrifft, was nicht so ist, und ebenso das Ansichseiende das, was daran Anteil hat, so ist erhaben über alles Der über allem ist und Urheber alles dessen, was Anteil hat und woran es Anteil gibt, ohne dass es an Ihm ein Anteilhaben gäbe. Heilige und Könige, Herren und Götter sind die Ursprünglichsten in jeder Ordnung, durch die auch die Niederen Gottes Gaben empfangen; diese vervielfältigen durch ihre Unterschiede die Einfachheit der Ausspendung jener; ihre Mannigfaltigkeit wiederum führen die ersten vorsorgend und göttlich zu ihrer eigenen Einheit zusammen.

Aus Dionysius Areopagita: Über alles Licht erhaben. Die Werke. Übersetzt von Edith Stein. 2015. topos taschenbuch 1009, Seite 114–116.

Nach dem hl. Patrick

Möge die Kraft Gottes dich führen
Möge die Kraft Gottes dich führen.
Möge die Macht Gottes dich behüten.
Möge die Weisheit Gottes dich lehren.
Möge die Hand Gottes dich beschützen.
Möge der Weg Gottes dich lenken.
Möge der Schild Gottes dich verteidigen.
Möge das Heer Gottes dich bewahren
vor den Schlingen des Bösen
und den Versuchungen der Welt.
Möge Christus mit dir sein,
Christus sei über dir,
Christus in dir,
Christus vor dir.
Mögest du, o Gott,

ihn immer retten,
an diesem Tag und für alle Zeit.

Aus Hermann Multhaupt (Hg.): Mögen Gottes Engel dich tröstend begleiten. Irische Segenswünsche für die Zeiten des Abschieds. 2015. topos taschenbuch 1034, Seite 30.

Aloys Butzkamm: Die Weihe der Ikonen

Ikonen erhalten eine Weihe durch den Priester. Früher schrieb der Priester selbst den Namen des Heiligen oder der Gottesmutter auf die Ikone. Das war eine Art Siegel dafür, dass die Ikone nach den überlieferten Regeln gemalt wurde und dem Evangelium entspricht. Heute setzt der Ikonenmaler selbst die Namen neben die Personen. Im „Ritus der Ikonenweihe“ heißt es: „Wesensnotwendig gehört zur Ikone die Weihe, wie zum Christen die Taufe gehört.“ Praktisch wird die Ikonenweihe so vollzogen: „Der Besitzer einer neu gemalten Ikonentafel geht zum Priester und übergibt ihm diese mit der Bitte um Weihe. Dieser stellt sie vierzig Tage – analog zum Reinigungsritus der Frau vierzig Tage nach der Geburt eines Kindes – in der Kirche auf. Hier verliert das Tafelbild den noch an ihm haftenden Geruch von Farbe und Firnis, die Olifa (= Firnisschutzschicht) saugt die leichten Weihrauchschwaden und den spezifischen Kirchengeruch auf, sodass nach der Vierzig-Tage-Zeitspanne die gemalte Tafel den Werkstattgeruch ‚abgestreift‘ hat. Nun vollzieht der Priester die Weihe, und damit ist dann das Tafelbild zur ‚Ikone' geworden und der Besitzer holt die Ikone, nun ein konsekrierter Gegenstand, wieder ab." Es gibt noch eine andere Erklärung für die vierzig Tage. Sie erinnern an das vierzigtägige Fasten des Herrn in der Wüste. So wie Jesus dort Kraft für sein öffentliches Auftreten sammelte, so soll die Ikone durchdrungen werden von göttlichen Gaben und Kräften, an denen später die Menschen teilhaben, die vor der Ikone beten.

Vierzig Tage liegt die Ikone auf dem Altar. Dort ist Christus gegenwärtig im Brot und Wein. Daneben liegt die Ikone. Nach meinem Dafürhalten geschieht hier etwas Ähnliches wie mit Berührungsreliquien. Ein neutraler Gegenstand, z. B. ein Stein, ein Stück Holz, ein Rosenkranz oder ein Heiligenbild, wird mit dem Sarkophag eines Heiligen oder mit einem Altar auf dem Kalvarienberg oder mit einer Muttergottesstatue in Berührung gebracht, und man ist davon überzeugt, dass die Kraft auf den neutralen Gegenstand übergeht. Wenn die zu weihende Ikone wochenlang im heiligsten Raum der Kirche liegt und in die Eucharistiefeier hereingeholt wird, wird sie sozusagen aufgeladen mit Gnaden. Hier wird auch schon ein anderer Gedanke deutlich, der später im Kapitel des Bilderstreites ausführlich behandelt wird: dass die gnadenhafte Wirkung der Ikonen nicht von den Farben und Formen des Bildes ausgeht, sondern von den Urbildern im Himmel, die im Bild wirkmächtig präsent sind. Sie sollen während der vierzigtägigen Weihezeit ihre himmlische Präsenz in die Ikone hinein verlängern.

Die Weihegebete sind unterschiedlich formuliert und nehmen Bezug auf die dargestellten Personen. Bei einer Christusikone wird folgendes Weihegebet gesprochen:

„... in der Erfüllung der Zeit sandtest Du Deinen Eingeborenen Sohn, unseren Herrn Jesus Christus, geboren von einer Frau, der Jungfrau Maria, welcher Knechtsgestalt annahm und Mensch wurde. Den Umriss Seines allreinen Bildes bildete Er durch Anlegung eines Tuches auf Sein göttliches Antlitz und übersandte dieses Nicht-von-Menschenhand-gemachte-Bild dem Fürsten Abgar von Edessa, und heilte damit diesen von Krankheit. Allen, die dasselbe gläubig verehrten, gabst Du unzählbare Heilungen und viel wunderbare Wohltaten. Daher, o gütiger und allbarmherziger Gebieter, haben wir diese Ikone (diese Ikonen) Deines vielgeliebten Sohnes angefertigt, zur Erinnerung an Seine heilbringende Menschwerdung, an Seine großen Wunder und Wohltaten, welche Er auf Erden als Mensch dem Menschengeschlechte erwiesen hat.

Wir vergötzen die Ikonen nicht, sondern wissen, dass die dem Bilde erwiesene Ehre emporsteigt zum Urbilde, vor Deine unendliche Majestät.

Niederkniend bitten wir inständig: Siehe barmherzig auf uns und auf diese Ikone (diese Ikonen), um der Menschwerdung und Erscheinung Deines vielgeliebten Sohnes willen, zu dessen Ehre und Gedächtnis wir sie angefertigt haben, sende auf sie Deinen himmlischen Segen und die Gnade des allheiligen Geistes, und segne und weihe sie mit Segen, Kraft und der Energie, welche Du reichlich eingegossen hast in jenes heilige Nicht-von-Menschenhand-gemachte-Bild durch die Berührung des allheiligen und allreinen göttlichen Antlitzes Deines Eingeborenen Sohnes, damit durch sie dieselben Kräfte und Wunder gewirkt werden mögen zur Befestigung des rechten (orthodoxen) Glaubens und zum Heil der Gläubigen. Allen aber, die Dich und Deinen Eingeborenen Sohn und Deinen allheiligen und lebendigmachenden Geist vor dieser Ikone (diesen Ikonen) anbeten und gläubig vertrauensvoll anrufen, gewähre gnädig die Erhörung und schenk ihnen das Erbarmen Deiner Menschenliebe und Gnade. Denn Du bist unsere Heiligung, und Dir gebührt Ehre mit Deinem Eingeborenen Sohne und Deinem allheiligen gütigen und lebendigmachenden Geiste, jetzt und allzeit und von Ewigkeit zu Ewigkeit."

In diesem Weihegebet sind viele Gedanken enthalten, die während des Bilderstreites von den Befürwortern der Bilder formuliert wurden.

Aus Aloys Butzkamm: Faszination Ikonen. Geschichte-Bildsprache-Spiritualität. 2015. topos taschenbuch 1023, Seite 36–39.

Josef Imbach: Klosterschenken und Klosterläden – ein nostalgisches Relikt

Reisegruppen, welche Klöster besuchen, halten sich oft länger in der Klosterschenke als in der Kirche auf. Unzweifelhaft haben die Mönche und nicht seltener auch die Nonnen in Sachen Kochkunst einige Meriten vorzuweisen, vor allem was die Überlieferung so mancher Küchengeheimnisse betrifft. In den heutigen Klöstern allerdings rührt in der Regel weder ein rezeptkundiger Gottesmann noch eine kräuterkundige Nonne den Kochlöffel. Zuständig für die Zubereitung der Speisen sind in vielen Niederlassungen inzwischen sozialversicherte Angestellte, sofern sich die Klostergemeinschaften das Essen nicht von einer Fastfood-Firma anliefern lassen.

Von dieser höchst prosaischen Entwicklung bekommen die Touristen und Pilgerinnen, welche sich nach der Foto-Orgie oder im Anschluss an die abgeleisteten Andachtsübungen in einer Klosterwirtschaft niederlassen, nichts mit. Die düsteren Gewölbe und der durch sie erzeugte Echoton haben es nun einmal in sich, und die unbequemen Holzbänke und uralten Eichentische strahlen allemal etwas Nostalgisches aus, was wiederum dazu führt, dass kaum jemand darauf achtet, was da auf den Tellern aufgefahren wird. Gastronomisch betrachtet macht es keinen Unterschied, ob man ins bayerische Andechs oder nach Weltenburg an der Donau pilgert. Hier wie dort gibt es Klosterbier, an dessen Produktion die Klosterleute so wenig beteiligt sind wie an der Herstellung der Votivkerzen, die dort verkauft werden. Nicht weniger einheitlich wie die Votivkerzen präsentieren sich die Speisekarten: Bratwürste, Wiener Schnitzel, Gulaschsuppe, Eintopf, Kartoffelsalat.

Wer in einer Klosterwirtschaft einkehrt, zahlt ja nicht eigentlich fürs Essen, sondern entrichtet einen Obolus fürs Ambiente. Klosterschänken haben selbst für Nichtgläubige etwas Exotisches an sich, während die Wallfahrer und Pilgerinnen sich von einem mystischen Fluidum umgeben fühlen, kaum dass der erste Kuttenträger über den Weg huscht, nachdem sie dem Bus entstiegen sind. Bevor sie sich auf den Heimweg begeben, ermuntert sie der Reiseführer oder die Busfahrerin zu einem Besuch im Klosterladen. Dort werden außer Kerzen und Karten allerlei gaumenlustige Köstlichkeiten wie Honig und Marmelade, Öl, Kräuter Gewürze und Dinkelprodukte, außerdem Kaffee und Tee, ja sogar – der Mensch hat ja schließlich auch ein Gemüt – Bier, Wein, und Liköre angeboten. Aber all diese Dinge können wir uns inzwischen auch per Internet zuliefern lassen, ohne an einer Wallfahrt teilzunehmen.

Manche Klosterläden führen ein eher ausgefallenes Sortiment – auf Adressen möchte ich hier nicht hinweisen, um mich nicht dem Verdacht auszusetzen, dieses Buch würde von einschlägigen Unternehmen gesponsert. Da wird eine „Feinschmecker-Kollektion" von Keksen der Zisterzienserinnen von Campénéac in der Bretagne angepriesen. Anderswo gibt es die „Energie- und Intelligenzplätzchen nach dem Original-Hildegard-von-Bingen-Rezept", welche laut Ankündigung „nicht für Dumme" gebacken wurden (aber wem sonst sollen sie denn auf die Sprünge helfen?); überdies eine Bitterorangen-Konfitüre, hergestellt von den Trappistinnen von Echourgnac im Perigord; weiterhin „Pâtes de Fruits", erzeugt aus „Obst aus dem Garten der fleißigen Schwestern von Echourgnac"; schließlich einen als „Schrecken der Ärzte" angepriesenen „Schweicklberger Geist" aus Niederbayern. Selbstverständlich fehlt nicht der „Geist der Mönche", zu dem der Chartreuse-Verte zählt, ein Likör, welcher als „Beginn einer Art ökologischer Bewegung" gefeiert wird und der ein langes Leben garantieren soll – bestellen wir also gleich ein paar Dutzend Flaschen von diesem Hochprozentigen, denn je länger unser Leben dauert, umso mehr werden wir davon brauchen, um es weiter zu verlängern.

Ein Laden, der Produkte verkauft, die angeblich allesamt aus Klöstern stammen (wer's glaubt, wird nicht selig), befindet sich auch in der Ewigen Stadt, in der nahe der *Piazza Navona* gelegenen *Piazza delle cinque lune*, wo die Preise happig und die Auswahlmöglichkeiten fast unbeschränkt sind. Dass die Plätzchen nach Lavendel und die Pfefferminzbonbons nach Seife schmecken, kommt davon, dass die Erzeugnisse von Klarissinnen und Kamaldulenserpatres, von Benediktinerinnen und Barmherzigen Brüdern und Büßerorden im Schaufenster allzu nahe beieinander stehen.

Wir hingegen kaufen die Seife nach wie vor im Supermarkt, wo sie nicht bei den Gewürzen, sondern bei den Hygieneartikeln gelagert wird. Was die Minze, den Lavendel und die übrigen Kräuter betrifft, vertrauen wir darauf, dass der liebe Gott seine Sonne weiterhin auf unser auf dem Balkon sorgsam gepflegtes Gärtlein scheinen lässt. Und die Marmelade kochen wir selber ein, dann wissen wir wenigstens, was drin ist. Denn was da in den Klosterläden so verkauft wird, stammt, wenn überhaupt, nur zu einem sehr geringen Teil noch von Klosterleuten. Die haben, nicht zuletzt wegen Personalmangels, die Lizenzen längst an Firmen verkauft, deren Angestellte bei der Herstellung nicht mehr beten wie weiland die Nonnen, sondern ganz andere Dinge im Kopf haben.

Aus Josef Imbach: Die geheimnisvolle Welt der Klöster. Was Mönche und Nonnen zum Rückzug aus der Welt bewegt. 2015. topos premium, Seite 237–239.

Georg Schwikart: Jeder Tod hat sein Gelächter

Haben Sie schon einmal gemeint, dass Sie sterben, und was ist Ihnen dabei eingefallen:

was Sie hinterlassen? die Weltlage? eine Landschaft? dass alles eitel war? was ohne Sie nicht zustande kommen wird? die Unordnung in den Schubladen?

Diese Fragen stammen aus einem ganzen Fragenkatalog, den der Schweizer Schriftsteller Max Frisch einmal formuliert hat. Der Tod ist ein dankbarer Gegenstand für jeden Autor; überaus umfangreich ist die Literatur dazu. Dichter und Denker, Philosophen und Theologen, Soziologen und Psychologen haben darüber geschrieben. Das Thema ist unerschöpflich und bietet allen etwas. Und doch können wir nur festhalten, was wir Lebende vom Tod meinen, wie wir ihn uns vorstellen. Denn was der Tod wirklich ist – woher könnten wir das wissen?

Sprichwörter sind die Weisheit der Völker, sagt man, und Sprichwörter zum Themenkreis Tod gibt es reichlich. Hier ein paar Kostproben:

Arm ist, wer den Tod wünscht, aber ärmer, wer ihn fürchtet.
Der Tod macht mit allem Feierabend.
Der Tod macht alles gleich, er frisst arm und reich.
Des einen Tod, des andern Brot.
Der Tod kommt ungeladen.
Der Tod hat keinen Kalender.
Der Tod und die Kirche geben nichts zurück.

Heutzutage nimmt man's eher humorig und plappert leichtfertig Sinnsprüche wie diese daher: „Nichts ist umsonst, nur der Tod – und selbst der kostet das Leben." Oder, Werbeslogans parodierend: „Wer früher stirbt, ist länger tot ..." Mitunter finden wir etwas so lustig, dass wir sagen: „Ich lach mich tot!" Aber: Der Tod ist nicht lustig! [...]

Und deswegen machen wir uns über ihn lustig. Deswegen verhöhnen wir seine Macht. Wir relativieren seine Gewalt, indem wir spielerisch mit ihm umgehen. [...] Tod und Humor – sind diese beiden nicht Gegensätze? Ist es taktlos, die beiden Themen in einem Atemzug zu nennen? Aber was kann man tun, wenn sich die beiden so magisch anzuziehen scheinen? Vielleicht muss man lachen, um nicht am Weinen zu ersticken. Ist nicht das Lachen ein Überlebenselixier? Wie schnell kann doch eine an sich traurige Situation „kippen".

Manches ist skurril, darüber mag man grinsen. Manches ist heiter. Und manchmal hilft nur noch Zynismus, Sarkasmus gar. Aber es gibt auch Grenzen; die meisten davon sind selbst gezogen. Die Grenze des guten Geschmacks verläuft dort, wo die Würde anderer verletzt wird. Ein Spaß auf Kosten eines Menschen, der sich in misslicher Lage befindet, mag gerade noch angehen, nach dem Motto: „Wer den Schaden hat, braucht für den Spott nicht zu sorgen." Aber ein Freibrief für Häme kann trotzdem nicht ausgestellt werden.

Tod und Humor – eigentlich bedürfen beide Begriffe einer genauen Definition. Aber wie definiert man „Tod"? Als Versagen aller Körperfunktionen? Ist der Tod nicht mehr als das? Doch was können wir mehr von ihm wissen? Schon Epikur meinte: „Der Tod geht uns Lebende nichts an. Wenn wir leben, sind wir nicht tot, und wenn wir tot sind, leben wir nicht."

Und Humor? Mit „Humor" meinen wir eine Haltung heiterer Gelassenheit, eine fröhliche Wesensart, die die Dinge leicht nimmt – selbst den Tod. Ja, gerade der Tod hat mit dem Humor zu tun, er ist sein Ernstfall. Denn wie die Traurigkeit zu Tränen rührt, kann uns auch das Lachen weinen machen. Weinen und Lachen, diese Gefühle aus der Tiefe unserer Seele sind Geschwister.

Unser Wort Humor leitet sich ab von dem lateinischen Begriff für „Feuchtigkeit, Flüssigkeit". Die antike Lehre von den Körpersäften vertrat die Ansicht, dass das Verhältnis von Blut, Schleim, gelber und schwarzer Galle für das Temperament eines Menschen bestimmend sei. Daraus leitet sich auch die bis heute gebräuchliche Unterscheidung der vier Temperaments-Typen „sanguinisch", „phlegmatisch", „cholerisch" und „melancholisch" ab. Humor wäre dann diejenige ausgewogene Körpersaftmischung, welche gute Laune gewährleistet.

Letztlich gilt, was der Schriftsteller und Kabarettist Egon Friedell anmerkte: „Was Humor ist, das hat wohl doch niemand zu erklären vermocht: und ich glaube, schon der bloße Versuch, diesen Begriff näher bestimmen zu wollen, ist ein Beweis von Humorlosigkeit, weshalb ja auch hauptsächlich Universitätsprofessoren sich mit dieser Aufgabe beschäftigt haben." Und an anderer Stelle schrieb er: „Heiterkeit setzt immer einen gewissen Grad von Intimität voraus: Nur was uns vertraut ist, was wir genau kennen, kann uns humoristisch stimmen, im Grunde lachen wir eigentlich immer nur über uns selber, über unsere eigenen komischen Möglichkeiten."

Was uns, wie Sterblichkeit und Tod, so ängstigt, dass wir es tabuisieren, fasziniert zugleich auch, wie alles Tabuisierte. Und wenn wir dem Tod mit Humor begegnen, dann vielleicht deshalb, um ihm durch das Lachen scheinbar etwas von seiner Macht zu nehmen. Lachen ist menschlich, und der Witz hat eine Ventilfunktion. Schon die spanische Nonne Teresa von Avila meinte, das bisschen Witz und Humor, das in uns stecke, müssten wir herauslassen. Und der französische Pantomime Marcel Marceau verdeutlichte, wie verbindend das Lachen sei: Es gebe kein deutsches, französisches, italienisches oder russisches Lachen, sondern nur das Lachen des Menschen. – Nur des Menschen? Vielleicht verbindet das Lachen sogar Himmel und Erde. Der englische Schriftsteller Chesterton schrieb: „Gott hat Humor. Sonst hätte er nicht den Menschen erschaffen!“ Wer über Humor verfügt, ist den Anforderungen des Lebens in der Regel besser gewachsen. [...]

„Man kann alles überleben“, stellte Oscar Wilde einmal fest, „außer den Tod.“ Stellen wir uns dieser Tatsache:

Ach Gott, du hast ja Recht, der Mensch ist sterblich.
Das ist so wahr, so richtig, so banal.
Zudem ist diese Sache auch noch erblich:
Irgendwann trifft's jeden mal.

Bis dahin werde Steuern ich entrichten,
und mittwochs muss die Biotonne raus.
Ich höre Bach, hab eheliche Pflichten,
zur Trauerfeier treff' ich meine Nichten,
Morgen kommt der Nikolaus.

Die Tochter kauft sich ständig teure Schuhe,
Wir brauchen dringend neues Klopapier.
Der Nachbarschaftsstreit lässt mir keine Ruhe,

die Liebesbriefe schimmeln in der Truhe,
ich war noch nie in Winsen an der Luhe.
Rom ist schön, doch ich bin hier.

Wir lernten sogar über Sex zu sprechen.
Und Transzendenzerfahrung kenn ich auch.
Sie bauen Häuser auf die letzten Flächen.
Für diesen Unfall wirst du tüchtig blechen.
Ganze Nächte lang konnten wir einst zechen!
Heilige Schwüre, Knochen, Bäume brechen.
Immer dicker wird mein Bauch.

Der Homo sapiens braucht Platz zum Wohnen.
Und ab und zu erfreut ihn Abendrot.
Bist du gerecht? Man wird es dir nicht lohnen.
Diogenes machte sich nichts aus Thronen,
ernährte sich genügsam oft von Bohnen.
Die Liebe lebt in allen Klimazonen.
Was künden uns die großen Religionen?
Mensch, bedenke deinen

Aus Georg Schwikart: Jeder Tod hat sein Gelächter. Über das Verhältnis zweier eigentümlicher Brüder. 2015. topos taschenbuch 1041, Seite 11–19 (gekürzt).

Alois Kothgasser/Clemens Sedmak: Geliebte Menschen loslassen

Menschen geben uns Halt; wir leben in Beziehungen und durch Beziehungen. Man kann das Leben eines Menschen mit einem Zelt vergleichen, in dem jede gute Beziehung ein Zeltpflock ist, der dem Zelt Halt verleiht, der das Zelt verankert. Zu den schwersten Aufgaben im Leben eines Menschen gehört es wohl, Menschen loszulassen – wenn eine Freundschaft oder Partnerschaft zerbricht, wenn ein Angehöriger dement wird, wenn ein geliebter Mensch stirbt, aber auch wenn die Kinder erwachsen werden und das Elternhaus verlassen oder auch wenn ein Betrieb einen Mitarbeiter gehen lassen muss.

Schon in den frühen Ordensregeln beschäftigen sich die Mönche mit der Frage nach der guten Entlassung. [...] Auch Ignatius von Loyola widmet sich der Frage der guten Entlassung. [...] Die gute Entlassung hat mit „kluger Liebe" zu erfolgen; das Wohl der Gemeinschaft ist über das Wohl des Einzelnen zu stellen. Das Wohl der Gesellschaft wird etwa dort gefährdet, wo jemand ein schlechtes Beispiel gibt. Bevor es freilich zu einer Entlassung kommt, sind die Mittel von Mahnung und Zurechtweisung einzusetzen. Wenn sich jemand als unverbesserlich erweist, ist es besser, ihn zu entlassen. [...]

Loslassen kann auch heißen, wenn eine Freundschaft oder eine Ehe zerbricht. Auch hier ist der Grundgedanke der ignatianischen „Theologie der Entlassung" wegweisend, der Grundgedanke nämlich, dass wir den anderen „lassen" können ohne Verbitterung, ihm „Wohl wünschen" und „Wohl zusagen". Wenn es uns gelingt, den Menschen, den wir loslassen, zu segnen, haben wir guten Abschied genommen, haben wir auf gute Weise Abschied genommen. [...]

Eine andere Form des Loslassens von Menschen ist der Abschied von einem Menschen, „wie wir ihn kannten". Es tut weh, einen geliebten Menschen aufbrechen zu sehen in ein Land, in dem wir ihm nicht mehr folgen können – etwa wenn ein Mensch nach einem Schlaganfall seine Sprachfähigkeit verliert oder wenn ein Mensch nach einem Schicksalsschlag oder nach einer Behandlung seine Persönlichkeit verändert. Der österreichische Schriftsteller Arno Geiger hat in seinem bekannten Werk „Der alte König in seinem Exil" seinem Vater ein Denkmal gesetzt. Ein Kind erlebt den Verfall des Vaters. Das fällt schon einmal schwer, weil Kinder daran gewohnt sind, dass die Eltern stark sind. Zu Beginn der Krankheit, als die Diagnose noch nicht erfolgt ist, reagiert der Sohn mit Zurückweisung: „Meine ganze Kindheit lang war ich stolz gewesen, sein Sohn zu sein. Jetzt hielt ich ihn zunehmend für einen Schwachkopf." [...]

Zu den schmerzhaftesten und grausamsten Schicksalsschlägen gehört es wohl, wenn Eltern ein Kind loslassen müssen. Diese Erfahrung musste Michael Schophaus, ein deutscher Journalist, machen. Sein zweijähriger Sohn Jakob erkrankte an Krebs, an dem er knapp zwei Jahre später starb. Er hat „die Geschichte eines viel zu kurzen Lebens" in einem berührenden Buch „Im Himmel warten Bäume auf dich" erzählt. Er erzählt von den Hoffnungen und dem Kampf um das Leben, von Tränen und Verzweiflung, aber auch von Freude und geteiltem Leben, von Liebe und inniger Verbundenheit. Nach sechshundert Tagen erlebter Krankheit starb Jakob. Die Ärztin vergoss selbst Tränen, der Pfarrer kam und sprach ein Vaterunser, dem die

Eltern und Jonas, der Bruder Jakobs, stumm zuhörten. „Ich nahm Jakob und legte ihn in den Sarg. Meine Frau bettete ihm sein Spielzeug hinein, schob ihm noch ein Büchlein unter den Kopf und streute rote Rosen über seinen Leichnam. Wir nahmen Abschied, denn der Sarg sollte nicht mehr geöffnet werden. Martina sprach ihm noch einmal sein kleines Gedicht zum Schlafengehen vor, so wie sie es immer tat am Abend, ich küßte ihm die kalte Stirn." [...]

Was bleibt, stiftet die Liebe. Daran müssen wir uns festhalten. Paulus schreibt im Brief an die Kolosser: „Die Liebe ist das Band, das alles zusammenhält und vollkommen macht" (Kol 3,14). Darum ist die Verbundenheit mit unseren lieben Verstorbenen durch die Liebe die Beziehung, die auch über den Tod hinaus trägt. Das ist eine tröstliche Wahrheit. Dies ist letztlich auch der Grund, warum wir viele Zeichen der Aufmerksamkeit und der liebenden Verbundenheit zu unseren Verstorbenen setzen. [...]

Wir Menschen, die loslassen müssen, sind nicht zur Untätigkeit verurteilt. Wir können uns mit zeichenhaften Handlungen stärken und immer wieder den Blick auf die Quelle aller Hoffnung richten.

Aus Alois Kothgasser / Clemens Sedmak: Jedem Abschied wohnt ein Zauber inne. Von der Kunst des Loslassens. 2015. topos taschenbuch 1022, Seite 70 –82 (gekürzt).

Mit ihrem Zeugnis ...

... ermutigen die Heiligen uns, keine Angst zu haben, gegen den Strom zu schwimmen oder missverstanden und verlacht zu werden, wenn wir über ihn und das Evangelium sprechen; sie zeigen uns mit ihrem Leben, dass derjenige, der Gott und seinem Wort treu bleibt, bereits auf dieser Erde den Trost seiner Liebe erfährt und dann das „Hundertfache" in der Ewigkeit. Das ist es, was wir hoffen und was wir vom Herrn für unsere verstorbenen Brüder und Schwestern erbeten.

Aus Papst Franziskus: Freude sei in eurem Herzen. Ein Begleiter für jeden Tag. 2015. topos premium, Seite 138. Aus der Ansprache vom 1. November 2013: „Die Heiligkeit ist eine Berufung für alle."

Reinhard Abeln: Petrus und Paulus – zwei Wegweiser des Heils

Petrus und Paulus haben auch für unsere Zeit ihre Bedeutung. Wer ihr Leben und Wirken, ihre Worte und Taten, ihre Lebenseinstellung und ihren Glauben bedenkt, wird darin für sein eigenes Leben Ermutigung und Wegweisung finden. Die zwei herausragenden Apostelfürsten sind als „Säulen der Kirche" (Johannes Chrysostomus) ein nachahmenswertes Vorbild, an dem wir unser Denken und Handeln in der Nachfolge Jesu ausrichten können und sollen.

Alexander Mitscherlich (1908–1982), der bekannte Arzt und Psychologe, hat einmal mit Recht gesagt: „Keine Gesellschaft kann es sich leisten, auf Vorbilder zu verzichten." Petrus und Paulus – mit ihren Schwächen und Stärken – sind solche Vorbilder, zu denen wir aufschauen und an denen wir uns festhalten können. Aus Kindertagen kennen wir das bekannte Dichterwort: „Was du ererbt von deinen Vätern, erwirb es, um es zu besitzen."

Petrus und Paulus waren ein Segen für ihre Zeit. Und dieser Segen dauert fort bis in unsere Gegenwart hinein. Niemand hat die Bedeutung der zwei Apostelfürsten für die gesamte Kirche und für jeden Einzelnen von uns so schön und klar zum Ausdruck gebracht wie Papst Franziskus, der 265. Nachfolger auf dem Stuhl Petri und Oberhirte von heute 1,2 Milliarden Katholiken auf der ganzen Welt. In zwei Predigten am Hochfest der heiligen Petrus und Paulus am 29. Juni 2014 schildert er die zwei Märtyrer als „Wegweiser des Glaubens und des Heils", die als „glorreiche Zeugen" für Jesus und sein Evangelium dem menschlichen Leben Sinn, Ziel und Inhalt geben können.

Wir dokumentieren im Folgenden die Ausführungen von Papst Franziskus. Sie haben uns Nachhaltiges und Wegweisendes zu sagen und helfen uns, im Sinn und Geist der heiligen Petrus und Paulus als gläubige Christen zu leben und für viele Menschen zum Segen zu werden.

Liebe Brüder und Schwestern!

Von alters her feiert die Kirche von Rom die Apostel Petrus und Paulus mit einem einzigen Fest am selben Tag, dem 29. Juni. Der Glau-

be an Jesus Christus hat sie zu Brüdern gemacht, und das Martyrium hat sie eins werden lassen.

Der hl. Petrus und der hl. Paulus, die auf menschlicher Ebene so unterschiedlich waren, sind von Jesus, dem Herrn, persönlich auserwählt worden, und sie haben auf den Ruf geantwortet, indem sie ihr ganzes Leben hingegeben haben. In beiden hat die Gnade Christi große Dinge vollbracht, sie hat sie verwandelt. Und wie sie sie verwandelt hat!

Simon hatte Jesus im dramatischen Moment seiner Passion verleugnet; Saulus hatte die Christen hart verfolgt. Doch beide haben die Liebe Gottes angenommen und sich von seiner Barmherzigkeit verwandeln lassen; so sind sie Freunde und Apostel Christi geworden. Deshalb sprechen sie weiterhin zur Kirche, und auch heute weisen sie uns den Weg des Heils.

Wenn wir zum Beispiel in die schwersten Sünden und in die finsterste Nacht geraten sollten, ist Gott immer fähig, auch uns zu verwandeln, wie er Petrus und Paulus verwandelt hat; unser Herz zu verwandeln und alles zu vergeben und so unsere Finsternis der Sünde in ein Morgengrauen des Lichts zu verwandeln. Gott ist so: Er verwandelt uns, er vergibt uns immer, wie er dies mit Petrus getan hat und wie er dies mit Paulus getan hat.

Das Buch der Apostelgeschichte zeigt uns viele Zeichen ihres Zeugnisses. Petrus zum Beispiel lehrt uns, auf die Armen mit einem Blick des Glaubens zu schauen und ihnen das Kostbarste zu schenken, das wir haben: die Kraft des Namens Jesu. Das hat er mit jenem Gelähmten getan: Er hat ihm alles gegeben, was er hatte, nämlich Jesus (vgl. Apg 3,4–6).

Von Paulus wird dreimal die Episode der Berufung auf dem Weg nach Damaskus berichtet, die die Wende seines Lebens bezeichnet und klar ein „Vorher“ von einem „Nachher“ unterscheidet. Vorher war Paulus ein erbitterter Feind der Kirche. Nachher stellt er sein Dasein in den Dienst am Evangelium.

Auch für uns ist die Begegnung mit dem Wort Christi imstande, unser Leben völlig zu verwandeln. Es ist unmöglich, dieses Wort zu hören und starr an seinem Platz, bei seinen Gewohnheiten blockiert zu bleiben. Es drängt uns dazu, den Egoismus zu besiegen, den wir im Herzen haben, um entschlossen jenem Meister zu folgen, der sein Leben für seine Freunde gegeben hat. Doch er ist es, der uns mit seinem Wort ändert; er ist es, der uns verwandelt; Er ist es, der uns alles vergibt, wenn wir das Herz öffnen und um Vergebung bitten.

Liebe Brüder und Schwestern, dieses Fest erweckt in uns eine große Freude, da es uns vor das Wirken der Barmherzigkeit Gottes im Herzen zweier Männer stellt. Es ist das Werk der Barmherzigkeit Gottes in diesen beiden Männern, die große Sünder waren. Und Gott will auch uns mit seiner Gnade erfüllen, wie er es mit Petrus und Paulus getan hat.

Die Jungfrau Maria helfe uns, diese Gnade wie sie mit offenem Herzen aufzunehmen, sie nicht vergeblich zu empfangen! Und sie stütze uns in der Stunde der Prüfung, um Zeugnis für Jesus Christus und sein Evangelium zu geben ...

Liebe Brüder und Schwestern!

Heute ist das Hochfest der hll. Petrus und Paulus. Es ist in besonderer Weise das Fest der Kirche von Rom, die auf dem Martyrium dieser beiden Apostel gegründet ist. Doch es ist auch ein Fest für die universale Kirche, denn das ganze Volk Gottes verdankt ihnen das Geschenk des Glaubens.

Petrus ist der Erste gewesen, der bekannt hat, dass Jesus der Messias ist, der Sohn Gottes. Paulus hat diese Botschaft in der griechisch-römischen Welt verbreitet. Und die Vorsehung hat es gewollt, dass beide hierher nach Rom kommen und hier ihr Blut für den Glauben vergießen sollten.

Aus diesem Grund ist die Kirche von Rom sofort und spontan zum Bezugspunkt für alle auf der Welt verstreuten Kirchen geworden. Nicht durch die Macht des Kaiserreichs, sondern durch die Kraft des Martyriums, des für Christus abgelegten Zeugnisses! Im Grund ist es immer und allein die Liebe Christi, die den Glauben hervorbringt und die Kirche vorwärtsgehen lässt.

Denken wir an Petrus. Als er seinen Glauben an Jesus bekannte, tat er dies nicht aufgrund seiner menschlichen Fähigkeiten, sondern weil er von der Gnade überwältigt worden war, die Jesus ausströmte, von der Liebe, die er in seinen Worten spürte und in seinen Taten sah: Jesus war die Liebe Gottes in Person!

Und dasselbe widerfuhr Paulus, wenn auch auf andere Weise. Als junger Mann war Paulus ein Feind der Christen, und als ihn der auferstandene Christus auf dem Weg nach Damaskus rief, wurde sein Leben verwandelt: Er verstand, dass Jesus nicht gestorben war, sondern lebendig ist und auch ihn liebte, der er sein Feind war!

Ja, das ist die Erfahrung der Barmherzigkeit, der Vergebung Gottes in Jesus Christus: Das ist die Frohe Botschaft, das Evangelium, das Petrus und Paulus in sich selbst erfahren und für das sie ihr Leben hingegeben haben. Barmherzigkeit, Vergebung! Der Herr vergibt uns immer, der Herr hat Erbarmen, er ist barmherzig, er hat ein barmherziges Herz und erwartet uns immer.

Liebe Brüder und Schwestern, welch große Freude ist der Glaube an einen Gott, der ganz Liebe, ganz Gnade ist! Das ist der Glaube, den Petrus und Paulus von Christus empfangen und der Kirche wei-

tergegeben haben. Preisen wir den Herrn für diese beiden glorreichen Zeugen, und wie sie wollen wir uns von Christus erobern lassen, von der Barmherzigkeit Christi.

Im Sinne dieser bedeutungsvollen Ausführungen von Papst Franziskus können wir das Schlussgebet des Festes der heiligen Petrus und Paulus sprechen: „Unser Gott, gib, dass wir in der Lehre der Apostel verharren und in deiner Liebe ein Herz und eine Seele werden."

Reinhard Abeln: Petrus und Paulus. Die Apostelfürsten. 2015. topos taschenbuch 1008, Seite 119–123.

Rudolf Schermann: Vinzenz von Paul

Als Jesus nach Nazaret kam und man ihm in der Synagoge das Buch des Propheten Jesaja reichte, las er davon die folgende Passage vor: „Der Geist des Herrn ruht auf mir; denn der Herr hat mich gesalbt. Er hat mich gesandt, damit ich den Armen eine gute Nachricht bringe, damit ich den Gefangenen die Entlassung verkünde und den Blinden das Augenlicht. Damit ich die Zerschlagenen in Freiheit setze und ein Gnadenjahr des Herrn ausrufe." Dann schloss er das Buch, gab es den Synagogendienern und setzte sich. Die Augen aller in der Synagoge waren auf ihn gerichtet. Da begann er, ihnen darzulegen: „Heute hat sich das Schriftwort, das ihr eben gehört habt, erfüllt."

Das „Programm Nazaret“ des Gottesgesandten Jesus wurde verpflichtende Aufgabe für alle seine Jünger bis auf den heutigen Tag. Und es ging nicht um irgendwelche gönnerhaften Almosen, wie in der langen Geschichte des Christentums das „Programm Nazaret“ oft genug missverstanden wurde, sondern um Gerechtigkeit. Logischerweise. Denn Gott kann nicht dulden, dass auch nur ein Mensch, sein Wunderwerk, nicht die gleiche Würde, die gleiche Behandlung bekommt wie alle anderen. Für die Kirche, Christi Volk Gottes, hat jeder Mensch, ob Herr oder Sklave, Staatspräsident oder Müllmann, die gleiche Würde. Ein revolutionierendes, umwälzendes Programm. Seit die Christen aber dank römischer Kaiser zu Macht kamen, ist die Geschichte der Kirche von der Krankheit des Hochmuts und der Machtgier kontaminiert. Bis heute. Zum Glück gab es immer wieder mehr oder weniger erfolgreiche Versuche der Rückkehr zum „Programm Nazaret“. Einige Namen sollen hier ohne jeden Anspruch auf Vollständigkeit genannt werden: Franz von Assisi, die Waldenser, die Mönche von Cluny, einige Orden, zumindest in ihrer ersten Zeit, die Reformatoren, Oscar Romero, Hélder Câmara, Mutter Teresa, unzählige Einzelpersonen, Frauen und Männer, wenn auch mit begrenzter Wirkung. Einen von Papst Franziskus ausgehenden wahrlich epochalen Versuch der Rückkehr zum „Programm Nazaret“ erleben wir alle gerade gegenwärtig. Es ist ein echter Diadochenkampf, den dieser begnadete Papst und wir, seine Schwestern und Brüder mit ihm, im Namen Jesu Christi und seines Programms Tag für Tag gegen eine von der Ideologie des Hochmuts und der Machtgier kontaminierte Kirche führen müssen! Es genügt, die Medien zu konsultieren.

Wie ein Leuchtturm aus der Reihe aller, die sich während der langen Geschichte der Kirche um das Programm Jesu Christi bemüht haben, erhebt sich die Gestalt des südfranzösischen Bauernsohnes Vinzenz de Paul, der wie Papst Franziskus schon mit der Zusammenstreichung seines Namens auf „Depaul" ein Signal setzte, dass er, der zunächst so sehr auf Karriere und Macht aus war, sich von dem Gift der Eitelkeit und des Hochmuts beizeiten befreite und sein Leben nunmehr der Verwirklichung des „Programms Nazaret" widmete. Und das mit einer Begeisterung und Vielseitigkeit wie kaum ein anderer in der Geschichte. Natürlich gab es auch andere herausragende Frauen und Männer, die auf dem einen oder anderen Gebiet der Nächstenliebe Großes bewirkt haben. Doch einen, der sich von der Armutsbekämpfung über die Priesterausbildung hin bis zur Befreiung von Galeerenhäftlingen, aber auch als Kriegsgegner und Friedensapostel auf schier allen Gebieten mit ganzer Hingabe einsetzte, gab es außer ihm kaum. Vinzenz Depaul: Ein *uomo universale* der Gottes- und Nächstenliebe!

Er hat buchstäblich „den Armen eine gute Nachricht gebracht". Er hat für „Gefangene die Entlassung" erreicht, „Zerschlagene in Freiheit gesetzt" und „Blinden (physisch oder psychisch) die Augen geöffnet".

Es war ein langer Weg, den Vinzenz Depaul vom pfründegierigen und karrieresüchtigen jungen Kleriker bis zum leidenschaftlichen Anwalt der Proletarier, der in Denk- und Lebensweise selbst ganz einer der ihren geworden ist, zurückgelegt hatte. Bis er zum christlichen Revolutionär der zweiten Reformation wurde, in dem sich manche Gedanken eines Luther oder Thomas Münzer neu artikulieren und unter den gegebenen gesellschaftlichen und politischen Voraussetzungen zur optimalen Wirklichkeit werden konnten. „Oft kommt mir der Gedanke und bringt mich in Verwirrung: ‚Elender, hast du das Brot verdient, das du jetzt essen willst, das Brot, das dir aus der Arbeit der Armen kommt?‘“ sagte er.

Und es war einer der fundamentalen Charakterzüge dieses Mannes, dass er solche Sätze nicht nur den Reichen seiner Zeit an den Kopf geschleudert, sondern sie in aller Härte auch auf sich selbst angewendet hatte. Das war seine Stärke. Es gab in der Tat kaum einen Revolutionär, der seine Glaubwürdigkeit durch den Einklang von Forderung und Lebenswandel so fest begründen konnte wie dieser ehemalige Schweinehirt aus der Gascogne.

Ein überragendes Talent im strategisch-organisatorischen Denken, im praktischen Tun, aber auch ein genialer Geist und ein das Christentum in seiner unverfälschten Größe verstehender Glaube, der von einer alles überströmenden einfühlsamen Liebe angetrieben wurde, machten ihn zu einem einmaligen Phänomen der sozialen Tat christlicher Prägung, weit vor allen Theoretikern und späteren Praktikern dieses Gebietes; man sollte Vinzenz Depaul und sein Werk – vom „Odium“ des Heiligen im barock-kitschigen Sinn befreit – unter vielerlei Aspekten neu und eingehender studieren.

Es machte ihn neben einem Franziskus oder einer Teresa zum Repräsentanten jener anderen Kirche, die von den Kirchenhassern jedweder Couleur, gestern wie heute, konsequent übersehen wird. „Schließlich gehen die Menschen, und Gott bleibt“, war einer der Aussprüche Vinzenz Depauls. Nach einem ereignis- und wirkungsvollen Leben holte auch ihn die Wahrheit dieses Spruches ein.

Am 27. September 1660, morgens um vier Uhr, stirbt er, neunundsiebzig Jahre alt geworden, aufrecht sitzend in seinem Stuhl. Die Nachricht von seinem Tod lockt ganze Heere von Freunden, Bekannten und Betroffenen in das kleine Zimmer von Saint-Lazare zum Abschied. Nobilitäten der bürgerlichen Gesellschaft und Angehörige des vierten Standes geben sich gegenseitig die Klinke in die Hand, noch ein letztes Mal illustrierend, wie sehr er es verstanden hatte, die Armen von der Armut und die Reichen von ihrem Egoismus zu befreien.

Sie nehmen von einem Mann Abschied, der, in der Geschichte beispiellos, eine Operation Nächstenliebe entfachte, wofür ihm unter heutigen Verhältnissen mit einiger Sicherheit der Friedensnobelpreis verliehen worden wäre. Doch er hatte dies alles nicht nötig und sann auf kein menschliches Lob. „Sie sind die Zuflucht der Sünder", versuchte ihn einmal jemand zu preisen. „Reservieren Sie diesen Titel für Christus und seine barmherzige Mutter", war seine Antwort. Er betrachtete sich nur als Instrument in der Hand der Vorsehung und wusste, dass es das Werk selber war, das für ihn sprach.

Und hier ist nun zu fragen, was von ihm blieb außer den einbalsamierten Leichenteilen in den diversen Kirchen von Paris, wie sie uns von der grausamen Frömmigkeit der barocken Heiligenverehrung beschert wurden. Zunächst einmal muss darauf hingewiesen werden – um einem kitschigen Heiligenbericht zu entgehen und die richtigen Proportionen seines Wirkens wenigstens annähernd zu sehen –, dass er natürlich auch oft versagte. Am schmerzlichsten berührte ihn das Schicksal seines Zöglings aus dem Hause Gondi, des späteren Kardinals von Retz, dieses völlig missratenen Windbeutels im Priesterrock, von dem Chateaubriand in seinem Buch über den Abbé de Rancé bemerkt: „Ein Mann von bedeutendem Geist, aber ein Kirchenfürst ohne Verstand und ein ruchloser Bischof, hat Retz sich den Plänen Gottes widersetzt; es kam ihm nie in den Sinn, dass ein inbrünstig gebeteter Rosenkranz mehr zur Ehre Gottes gereicht als alle Höhen und Tiefen der Karierre.“

Auch ansonsten war Vinzenz zu Lebzeiten kein Wunderpriester, der die kirchliche Erneuerung gleichsam wie ein Kaninchen aus dem Hut zaubern konnte. Er vermochte es selbst als Mitglied des Conseil de Conscience nicht zu verhindern, dass ungläubige Menschen wie ein Beaumanoirs de Lavardin zu Bischöfen geweiht wurden. Noch im Todesjahr von Vinzenz empört sich Henri-Marie Boudon, Archidiakon in Evreux, über den Zustand, in dem sich Tabernakel und Hostienbehälter in den Kirchen Frankreichs befänden. Und Richelieu belohnte, unbekümmert von Vinzenz und dem Tridentinischen Konzil, auch weiterhin die Musiker seines Orchesters mit Abteien und Probsteien.

Wie schwer es war, von den Irrungen und Wirrungen der Zeit loszukommen, zeigt das Beispiel Oliers, eines Freundes von Depaul und Gründers von Saint-Sulpice: Trotz tiefer Spiritualität praktizierte selbst dieser fromme Priester die kanonisch längst verbotene Pfründenhäufung.

Doch gerade angesichts dieses Sachverhaltes kann die Wirkung von Vinzenz, deren Früchte sich erst allmählich zeigten, nicht hoch genug eingeschätzt werden. Ich mag grundsätzlich keine Statistiken, da sie in keiner Weise Opfer und Schweiß, Gebet und Tränen, Erfolg und Misserfolg, mit einem Wort: jene ungeheure Dynamik des Lebens vermitteln können, die hinter ihren nüchternen Zahlen pulsieren. Dennoch lassen sie wenigstens in Chiffren erahnen, was Vinzenz bewirkte und noch immer bewirkt.

Als er starb, zählte die Schar seiner Missionspriester, die „Lazaristen“, 450 Mitglieder. Heute stehen in fünf Kontinenten rund Tausende Vinzenz-Brüder im Dienste der Menschheit. Sie unterhalten Priesterausbildungsstätten, Schulen, Kinder- und Altersheime, Spitäler und Missionen. Ihr äußeres Erscheinungsbild – einfacher Talar mit einem ebenso einfachen Zingulum – erinnert auch heute noch an ihre proletarische Herkunft.

Noch explosionsartiger als die „Lazaristen“ verbreiten sich die Filles de la Charité in aller Welt. Trotz sinkender Eintrittszahlen infolge der Säkularisierung beugen sich heute in sechsundzwanzig Ländern mehr als 30.000 Barmherzige Schwestern über Tausende von Krankenbetten, opfern sich für Gotteslohn der Säuglings-, Kranken- und Altenpflege, arbeiten in den Kindergärten, in der Jugendbetreuung, in den Missionen, in der Behindertenfürsorge und in den Pfarren. Im deutschsprachigen Gebiet treten sie zunächst in Österreich (1850) und zwei Jahre später in Deutschland in Erscheinung. Ihre charakteristische Kopfbedeckung, das „Cornett“, ist mittlerweile schon längst zum Gütezeichen tatkräftiger christlicher Nächstenliebe geworden.

Über all diese praktischen und auch statistisch imposanten Wirkungen hinaus beinhaltet aber das Leben und Wirken Vinzenz Depauls noch eine weitere, ganz besonders akzentuierte Aktualität, mit der man sich eingehender befassen sollte. Ich denke an jene ungeheure spirituelle Potenz, die in seinen Schriften und Werken steckt und die aus ihrem Dornröschenschlaf erweckt werden sollte. Denn was die Christenheit heute dringend nötig hat, ist eine neue, vertiefte, zu den reinen Quellen der Schrift zurückkehrende und von dorther erneuerte Spiritualität. Es ist ein fast unverzeihlicher Fehler der jüngsten Kirchengeschichte, dass sie im Zuge eines nervösen Einholversuchs der davongeeilten Welt nebst anderem auch die Heiligen und ihren überaus wertvollen Nachlass mehr oder weniger über Bord geworfen hat, anstatt ihn bloß vom Ballast kitschiger Geschichtsverfälschungen zu reinigen. Für die weit verbreitete Oberflächlichkeit auch in kirchlichen Kreisen spricht die Tatsache, dass man dies obendrein just zu einem Zeitpunkt tat, als Vertreter anderer Weltansichten ihre Helden, ja „Heiligen", sehr geschickt und mit viel propagandistischem Einsatz zu Idolen der sogenannten öffentlichen Meinung aufgebaut haben. [...]

Nicht anders wie er stehen auch wir heute infolge der Säkularisation einer immer mehr um sich greifenden religiösen Unwissenheit, ja aufgeblasenen Ignoranz gegenüber, die tief bis in die Kreise der Intelligenz reicht. Eines ihrer Symptome ist, dass selbst manche Christen, ja Priester, allen Ernstes daran glauben, irgendwelche oberflächliche Konzessionen an die Zeit und ein von den Werten einer zweitausendjährigen Tradition befreites Bewusstsein könnten eine Erneuerung bewirken. Welch ein katastrophaler Irrtum! [...]

Nicht minder aktuell ist auch, angesichts des drückenden Priestermangels neue Wege der Frömmigkeit und der Erweckung der Priesterberufe zu überlegen. Ebenso aber auch, ganz im vinzentinisch-unkonventionellen Sinn ein neu akzentuiertes Betätigungsfeld für junge Mädchen und Frauen zu finden, das den vielfach andersgearteten Nöten unserer Zeit entspricht.

Welch ungeheure Wirkung doch die Botschaft Vinzenz' (die die gelebte Botschaft Jesu Christi ist) auch heute haben könnte, erahnen wir, wenn wir uns die Situation der Gegenwart vor Augen halten, die der Dramatiker Ionesco einstmit dem Satz gekennzeichnet hat, die Menschheit gehe auf der Erde im Kreis, weil sie vergessen hat hinaufzublicken.

Wenn es Leute gäbe, die den Blick der Menschen auf diese Hoffnung lenken könnten!

Wie sollen aber solche Menschen aus einer Schar von jungen Theologen hervorgehen, die – wie geschehen – auf die Frage, was sie vom Priesterberuf abhielte, unter anderem die Antwort erteilten, weil „das gesellschaftliche Prestige des Priesters" in der heutigen Gesellschaft auf einen Tiefpunkt gesunken sei? Welches Prestige hatte Jesus?

Wie weinte doch Vinzenz Depaul bittere Tränen über seine Torheit, die ihn in seinen jungen Jahren nach Pfründen und gesellschaftlichem Ansehen lechzen ließ! Aber auch die soziale Not hat noch viele Gesichter. Auch ihr müsste durch Initiativen im Geiste eines Vinzenz abgeholfen werden. Besonders in den Ländern Lateinamerikas, Asiens und Afrikas. Von der Solidarität mit den Verfolgten angefangen bis zur Abhilfe in Kriegsnot und der Bekämpfung der sowohl leiblich wie seelisch verstandenen Armut gibt es eine breite Palette der Modelle, die Vinzenz uns auch heute mit Gewinn anbieten kann. Sie müssten lediglich zeitgemäß angewendet werden.

Vor allem aber lehrt uns Vinzenz Depaul den uns leider ebenfalls abhanden gekommenen tiefen und leidenschaftlichen Glauben. Der Christ von heute scheint ein ausgeglühter Vulkan zu sein, der eher kühle intellektuelle Asche auswirft als heiße, mitreißende Glaubensglut. Die einseitige Rationalität des abendländischen Menschen hat ihn zu einem reinen Verstandeswesen gemacht, das sich fast schämt, dass es auch ein Herz hat. Selbst im christlichen Schrifttum ist es aus der Mode gekommen, ein eindeutiges Engagement spüren zu lassen. Frömmigkeit des Herzens ist out of date, kühl-rationale Kritik dagegen ist „in". Ja, man fürchtet sich nachgerade davor, einen tiefen, überzeugten und begeisterten Glauben auch nur zu haben, geschweige denn, ihn auch in der Öffentlichkeit tapfer zu bekennen. Denn es könnte sein, dass man dafür den Spott der sogenannten „öffentlichen Meinung", dieser unheiligen Inquisition der Gegenwart, herausfordern könnte.

Indes, nichts zeigt die überragende Persönlichkeit eines Menschen mehr als sein Mut, gegen den seichten Strom der Zeit zu schwimmen; Vinzenz ließ den Hohn höfischer Hohlköpfe gelassen über sich ergehen. Es ist nun einmal das Los des Christen, dass er nur so lange angehimmelt wird, solange er selbst in einem Andrang modischer Kritikasterei an dem Zeug seiner eigenen Kirche flickt. Sobald es aber offenbar wird, dass er überdies auch noch einen tiefen und treuen Glauben hat, wirkt er bereits entfremdend. [...]

Was wir heute brauchen, sind indes „zu" gläubige Menschen. Sie allein werden die Kirche erneuern können. Wie Kardinal König sagt: „Die Krise der Religiosität lässt sich nicht beheben durch eine Umdeutung des Evangeliums, auch nicht durch bloß äußerliche Strukturänderungen oder Bildungsersatz. Die Heilung der religiösen Krise gelingt nur durch die Rückkehr zum lebendigen Glauben an Jesus Christus und seinen Geist [...] Nur wenn wir Christus in unserem Leben aufnehmen, kann er uns heilen."

Vinzenz' tiefe Ergriffenheit von Jesus, dieser persönliche, begeisterte Glaube und die aus diesem Glauben entsprungene Liebe, Demut und Bußfertigkeit waren es, die seine Größe begründeten.

Diese große Liebe, die alle Menschen als Kinder Gottes verstand und umfasste, gab ihm auch die Fähigkeit, zu einer über alle konfessionelle Grenzen und Hürden hinausgehenden Toleranz. Daher ist es ein Irrtum anzunehmen, ein tiefer und begeisterter Glaube könnte zur Quelle des Fanatismus werden. Gerade das Gegenteil ist wahr: Je glühender der Glaube, desto tiefer und umfassender die Liebe. Je umfassender aber die Liebe ist, desto weniger besteht die Gefahr, dass der gläubige Christ der Intoleranz und dem Fanatismus verfällt. So verwundert es nicht, dass Vinzenz Ökumene praktizierte in einer Zeit, deren Gesinnung nicht nach Toleranz stand, und Jahrhunderte bevor dieser Begriff im allgemeinen Bewusstsein überhaupt aufgetaucht ist.

Aus Rudolf Schermann: Vinzenz von Paul. Anwalt der Ärmsten. 2015. topos taschenbuch 1025, Seite 7–8 und 118–126 (gekürzt).

Wenn jeder seinen Teil …

… beiträgt, wenn alle stets den Menschen in seiner Würde in den Mittelpunkt stellen, nicht das Geld, wenn sich die vom Evangelium inspirierte Haltung der Solidarität und des brüderlichen Miteinander-Teilens festigt, dann gelingt es, dem Morast einer im Hinblick auf die Wirtschaft und den Arbeitsmarkt mühseligen und schwierigen Zeit zu entkommen.

Aus Papst Franziskus: Freude sei in eurem Herzen. Ein Begleiter für jeden Tag. 2015. topos premium, Seite 19. Aus der Ansprache vom 20. März 2014: „Die Arbeit betrifft den Menschen und seine Freiheit direkt."

Monika Fink-Lang: Joseph Görres und der Rheinische Merkur

Am Neujahrstag 1814 überschreitet Blücher den Rhein, und die Truppen der Allianz gegen Napoleon ziehen siegreich in Koblenz ein. Es ist das Ende einer 20-jährigen Franzosenherrschaft links des Rheins. In diesen Januartagen des Jahres 1814 sieht Görres eine große historische Chance, die es zu ergreifen gilt. Und er stellt sich sofort dem Gebot der Stunde. Bereits drei Wochen nach der Befreiung, am 23. Januar, erscheint die erste Ausgabe seiner Zeitung. Er beginnt sie, getragen von der Überzeugung, ein von Gott gewolltes Werk zu tun.

Nun, so schreibt er in seinem Vorwort zur ersten Ausgabe des *Rheinischen Merkur*, da wieder „schöne Begeisterung" und „edler Gemeingeist" erwacht seien und das deutsche Volk „wie ein gebundener Riese" seine Ketten abgeworfen habe, gebe es wieder Hoffnung, dass „die besten Zeiten Altteutschlands wiederkehren". Görres will seinen Beitrag dazu leisten. Der *Merkur* soll als „eine Stimme der Völkerschaften diesseits des Rheines" die Begeisterung der Rheinländer für die gemeinsame deutsche Sache fördern und die „abgerissenen Fäden" wieder zusammenknüpfen helfen. Er soll den nationalen Geist propagieren, nach einer heillosen Zeit die Sehnsucht nach der Einheit aller Deutschen wieder in den Köpfen verankern. Denn nur diese Einheit kann nach seiner Überzeugung den endgültigen Sieg über Napoleons Frankreich und eine glückliche Zukunft für Deutschland bringen. Damit passte der *Merkur* perfekt in die preußische Presse- und Propagandapolitik des Freiherrn vom Stein, dem von den Alliierten das linksrheinische Gebiet als

Teil seines Zentralverwaltungsdepartements für die besetzten Länder unterstellt war und der ebenso wie der preußische Staatskanzler Karl August von Hardenberg längst die Stimme patriotischer Schriftsteller für seine Zwecke nutzte. Der *Rheinische Merkur* war daher als ein Instrument, die neuen Provinzen stärker an Preußen zu binden, mehr als willkommen. [...]

Der *Rheinische Merkur* wird von den Intellektuellen in ganz Deutschland gelesen, aber auch von einfachen Handwerkern und von Soldaten. Er liegt in den Lesezimmern vaterländischer Gesellschaften und auf vielen Wirtshaustischen in ganz Deutschland auf, wird zur einflussreichsten Zeitung seiner Zeit. Und er macht Görres zu einem berühmten Mann. Sein Haus sei das bedeutendste in Koblenz, ja fast am ganzen Rhein gewesen, erinnert sich eine Freundin der Familie Lassaulx, „gleichsam ein neutrales Gebiet, auf dem die Mitglieder der verschiedenen Confessionen und der entgegengesetzten politischen Parteien friedlich zusammentrafen". Neben den alten Koblenzer Freunden und Verwandten verkehrten in Görres' Haus auch durchreisende Künstler und Gelehrte, vor allem aber die in Koblenz stationierten preußischen Offiziere.

Görres ist Hauptautor seiner Zeitung. Gelegentlich liefern Freunde Beiträge, dazu kommen Nachrichten durch bezahlte Informanten, Korrespondenten in Brüssel, Rom, Wien, Paris, der Schweiz und den Niederlanden, anfangs auch amtliche Kriegsberichte, auch Artikel inländischer und ausländischer Zeitungen. Ein kritischer Umgang mit den Quellen ist für Görres oberstes Gebot. Sein Anspruch ist es dabei, „die Wahrheit zu sprechen, unumwunden ohne Vorbehalt und Hindernis", unerschrocken auszusprechen, was die Menge bewegt, und dabei nicht zuletzt auch die öffentliche Meinung zu bilden. [...]

Für Görres sind die Länder links des Rheins ein unveräußerlicher Teil Deutschlands. Der Rhein darf nie und nimmer als Deutschlands Grenze anerkannt werden, ist er doch „Teutschlands hochschlagende Pulsader". So schreibt Görres gegen eine kompromissbereite Balance-of-powers-Diplomatie à la Metternich an, die sich mit der Rheingrenze zufrieden geben möchte. Das Zusammengehörigkeitsgefühl der Menschen am Rhein mit dem übrigen Deutschland zu stärken ist deshalb eines seiner großen Ziele. Noch im März 1814 widmet er sich diesem Thema in einer groß angelegten Artikelserie. Darin betont er die Unteilbarkeit des deutschen Stammes, die Zugehörigkeit der Rheinländer zu Deutschland als Naturgesetz, die Unvereinbarkeit im Wesen mit den Franzosen.

Preußen ist für Görres nun der große Hoffnungsträger, die „Grundsäule Teutschlands". „Sitz der Vaterlandsliebe" und Werkzeug der Vorsehung. Im Februar 1814 feiert Görres mit einer Reihe von Artikeln über „Preußen und sein Heer" die Tugenden jenes gewandelten Preußen, das nicht mehr das alte friderizianische mit seiner knechtischen Zucht sei, sondern wie ein Phoenix aus der Asche „zu frischer, jugendlicher Kraft und Herrlichkeit" gefunden und durch den Kampf für die Freiheit seine alte Schuld getilgt habe. Görres wird zum glühenden publizistischen Verfechter der politischen Ziele Preußens. Man denkt unwillkürlich an die jugendliche Begeisterung, mit der der junge Görres 1795 die Grande Nation Frankreich feierte, der er die gleiche Schicksalsrolle für Europa zugedacht hatte – und man ahnt es: Auch hier ist die Desillusionierung schon programmiert.

Ab dem Mai 1814, in den Monaten bevor der Wiener Kongress zusammentritt, beschäftigt Görres dann vor allem die Frage der Verfassung, der künftigen Gestalt eines geeinten Deutschland. Seine Kernforderung ist eine ständische Verfassung nach dem Vorbild des Mittelalters, basierend auf Lehrstand, Wehrstand und Nährstand. Seine Vision dieser künftigen Verfassung beinhaltet allgemeine Landesbewaffnung, gemeinsame deutsche Außenpolitik, gemeinsames Steuersystem, gemeinsame Gerechtigkeitspflege und Handelspolitik. Wieder sucht er einen Mittelweg der Versöhnung zwischen entgegengesetzten Positionen. Nun soll dieser dritte Weg ein Mittelweg zwischen der Souveränität der Fürsten und der des Volkes, zwischen einem zentralistischen Nationalstaat und einem zersplitterten Deutschland vieler souveräner Fürsten sein, eine „starke Einheit in Vielheit". Einen Kompromiss versucht er auch zwischen den Führungsansprüchen Preußens und Österreichs: Der Kaiser soll aus dem Haus Habsburg kommen, der Reichstag aber soll aus zwei Kollegien bestehen und eine Doppelspitze erhalten. Preußen soll die norddeutsch-protestantischen, Österreich die süddeutsch-katholischen Reichsteile anführen. Dabei betont er immer wieder, dass die Rückbesinnung auf Verhältnisse der alten Zeit des Mittelalters kein einfaches Übernehmen alter Strukturen sein dürfe: Ein „Vergangenes, Abgelaufenes" dürfe man nicht unverändert wieder herstellen, sondern immer „in verjüngter, zeitgemäßer Gestalt". Görres' Artikelreihe über „Die künftige teutsche Verfassung" entsteht in enger Absprache mit dem Freiherrn vom Stein, der ähnliche Zukunftsvisionen hat. Er ermutigt Görres, über die Konstitution zu schreiben, schiebt ihm wohl auch die eine oder andere Information über den Fortgang der Verhandlungen in Wien zu.

Die Stoßrichtung der Artikel im *Merkur* zielt nun nicht mehr nach außen, gegen Frankreich, sondern zunehmend nach innen, zu allererst gegen die ehemaligen Rheinbundstaaten. Denn die einstigen Verbündeten Napoleons, die von seinen Gnaden Königskronen und Territorialgewinne eingeheimst hatten, fürchten nun um ihre Souveränität und ihren territorialen Bestand. Bayern, Württemberg, Baden und Sachsen, die ohne Rücksicht auf das große Ganze ihr eigenes Süppchen kochen, sind in Görres' Augen das größte Hindernis für eine deutsche Einheit. So zieht er denn gegen sie in seiner Zeitung zu Felde. Bayern, Baden und Württemberg wirft er vor, insgeheim die Rückkehr Napoleons herbeizuwünschen. Offen unterstützt er die Territorialansprüche Preußens auf Sachsen, das seine Existenzberechtigung verspielt habe. Ja, er stellt sogar die Frage, ob die Einwohner dieser Länder noch loyal zu ihren Fürsten stehen müssten. Eine Aussage wie die, dass „jeder teutsche Mann nicht mehr dem einzelnen Staate, in dessen Grenze er geboren ward, allein, sondern der gesamten teutschen Nation angehört", musste die Fürsten hellhörig machen.

Bayern, Baden und Württemberg verbieten den Vertrieb des *Merkur* in ihren Grenzen, beschweren sich wiederholt bei der Regierung in Preußen und beim Kongress in Wien, drängen auf ein Verbot. Ohne Erfolg, denn der preußische Staatskanzler Hardenberg hält seine schützende Hand über Görres und den Merkur. Görres erfreut sich lange Zeit einer Freiheit der Meinungsäußerung, von der andere Zeitungen nur träumen können. Doch auch Hardenberg kann Görres nicht auf Dauer schützen. Er lässt Görres zunächst vorsichtig warnen, seine Sprache zu mäßigen. Auch Johann August Sack, der Nachfolger Justus Gruners im Amt des Generalgouverneurs, ein überzeugter Verfechter der Pressefreiheit nach englischem Vorbild, versucht, im Einvernehmen mit Hardenberg, „manches Ärgere“ zu verhindern.

Görres aber fordert in seiner Antwort die Pressefreiheit und den Schutz des Ministers als selbstverständlich ein. Es gehe ihm nur um die „reine unverfälschte Wahrheit“, nach der er stets „ohne Menschenfurcht und ohne Fanatism“ strebe. Im Mai 1815 werden die Mahnungen schärfer. Der *Merkur* habe „Anlass zu den allerdringendsten Beschwerden“ gegeben. Er dürfe keinesfalls den politischen Zwecken entgegenarbeiten und damit der Einheit und der guten Sache schaden, dürfe nicht „zu einem Tummelplatz persönlicher Angriffe werden und Misstrauen gegen die Regierungen verbreiten“.

Hardenberg stellt nun klare Bedingungen als Voraussetzung für ein weiteres Erscheinen. Danach muss der „bittere Ton“ gegen den Wiener Kongress und gegen verbündete Mächte „durchaus unterbleiben“, ebenso persönliche Ausfälle gegen preußische Beamte, da diese – man höre – „in einem unter preussischem Schutz herauskommenden Blatte auf Achtung und Schonung Anspruch“ hätten. Görres solle vielmehr seine „geschickte Feder dazu benutzen, der Deutschen Patriotismus und Einigkeit [...] anzufeuern“, hier öffne sich ihm „ein weites und angemessenes Feld“. „Ich bin überzeugt“, so schließt Hardenberg, „dass es nur dieses Winks bedarf, damit Sie den Forderungen, welche ich an Sie mache, gern und ohne alle Einmischung irgend einer Behörde entsprechen.“

Weit gefehlt. Görres lässt sich von dem Wink nicht beeindrucken, fordert kompromisslos weiterhin vollständige Zensurfreiheit. Er will alles oder nichts. Voll des Sendungsbewusstseins betont er, dass er nur seinem Gewissen verantwortlich sei. „Ew. Durchlaucht haben geruht, mir die Bedingungen mitzutheilen, unter denen die Fortdauer des Blatts möglich sey. Sollten diese nach der Strenge des Worts genommen werden, dann würde nichts als eine ganz gewöhnliche Zeitung übrig bleiben. Wenn ich meine Laufbahn von Anfang her übersehe, dann muss ich wohl glauben, dass ich nicht umsonst, und ohne höhern Beruf am Orte sey, zu dem ich mich nicht gedrängt, und den ich aus keinerley Ehrgeiz oder sonstigen Absichten behaupte [...]. Nein ich habe ein heiliges Amt zu verwalten, ich muss es nach meinem Gewissen führen, oder völlig niederlegen. Mir ist es nicht gegeben, mich unter Zwang und Rücksichten geistig zu bewegen, kann ich nicht länger meiner Überzeugung folgen und muss ich einen andern Richter als mein Gefühl und meinen Takt befragen, dann weicht der Geist von mir, und ich bringe kaum das Gewöhnliche zu Stande. Ich würde Ew. Durchlaucht alsdann bitten müssen, mir die weitere Herausgabe des Blatts als nicht zeitgemäss geradezu und unbedingt zu untersagen, damit ich mit solchem Verbote vor der Welt mich rechtfertigen kann, dass mein Zurücktreten in jetziger Crise nicht aus Feigheit geschehen ist."

In diesen Junitagen des Jahres 1815 war der Wiener Kongress zu Ende gegangen. Dem Versprechen des Artikels 13 der Bundesakte, dass in „allen Bundesstaaten [...] eine landständische Verfassung stattfinden" sollte, waren aber keine Taten gefolgt. In Preußen stand den Verfechtern von Reformen und Verfassungsplänen eine immer mächtiger werdende konservative Hofpartei gegenüber, die in gemeinsamer Front mit Metternich eine gesamtstaatliche Verfassung zu verhindern wusste. Görres schoss sich nun auf diese „Kamarilla" ein.

Kurz nach Görres' Brief an Hardenberg im Juni 1815 weist der König Generalgouverneur Sack an, gegen die „Pressfrechheit“ schärfer vorzugehen. Dieser gibt die Weisung zähneknirschend weiter, stellt sich aber noch mehrfach vor Görres. Auch Minister Hardenberg legt einige Beschwerden gegen den *Merkur* ad acta. Doch seine Position am Hof wird zunehmend schwächer. In Berlin weht nun ein anderer Wind, und die Partei der Reformgegner gewinnt mehr und mehr die Oberhand. Mit dem endgültigen Sieg über Napoleon und dem 2. Pariser Frieden im November 1815 ist die Schonfrist für den *Merkur* abgelaufen. Im November 1815 unterstellt der König die Zensur über die Zeitung der direkten Aufsicht des Polizeiministers Graf zu Sayn-Wittgenstein, der eine der treibenden Kräfte der Restauration und Hauptgegner von Hardenbergs Reformpolitik ist. Görres verliert seine letzten Fürsprecher. Sack wird nach Pommern versetzt, Gruner politisch kaltgestellt, Steins Einfluss ist dahin, und auch Hardenberg wird es sich bald nicht mehr erlauben können, Görres zu schützen, ohne seine eigene Position zu gefährden.

Im dem halben Jahr, das dem *Rheinischen Merkur* noch beschieden ist, wird er mehr und mehr zu einer Anti-Regierungszeitung. [...] Die Geduld des Königs ist erschöpft. Unmittelbaren letzten Anlass oder auch guten Vorwand für einen letzten Schritt gegen den *Merkur* liefern außenpolitische Rücksichten, vor allem gegenüber dem russischen Zaren, der sich durch einige kritische Artikel im *Merkur* beleidigt fühlt. Mit Kabinetsordre vom 3. Januar 1816 wird der *Rheinische Merkur* schließlich verboten.

Aus Monika Fink-Lang: Joseph Görres. Ein Leben im Zeitalter von Revolution und Restauration. 2015. topos taschenbuch 1024, Seite 62–70 (gekürzt).

Christian Feldmann: Über Dietrich Bonhoeffer

„Die Gemeinde also vermag die Schuld zu tragen, die keines ihrer Glieder tragen kann, sie kann mehr tragen als alle ihre Glieder zusammen. Sie muss als solche eine geistliche Realität sein, die über alle Einzelnen hinausgreift. Nicht alle Einzelnen, sondern sie als Ganzheit ist in Christus, ist der ‚Leib Christi'; sie ist ‚Christus als Gemeinde existierend' [...] sie ist der gegenwärtige Christus selbst, und darum ist ‚in Christus sein' und ‚in der Gemeinde sein' dasselbe; darum trägt die Schuld der Einzelnen, die auf die Gemeinde gelegt ist, Christus selbst."

Diese Sätze stehen in der Doktorarbeit, die Dietrich Bonhoeffer als Neunzehnjähriger begann und zwei Jahre später, 1927, mit der Bewertung *summa cum laude* abschloss. Ihr Titel: „Sanctorum Communio", Gemeinschaft der Heiligen, „eine dogmatische Untersuchung zur Soziologie der Kirche". Für Bonhoeffer selbst, aber auch für eine ganze Theologengeneration markiert so ein Thema die Wende von eher abstrakten Fragestellungen hin zur Beschäftigung mit der konkreten Gestalt des Glaubens. Gegen alles Abschieben Gottes in höhere Sphären der Transzendenz setzte der junge Pastorenanwärter seine Nähe unter den Menschen und die Bindung des Glaubens an eine geschichtliche, sich entwickelnde, unvollkommene Kirche, in der man stets „mit Mitläufern rechnen" müsse und die dennoch das „Reich Christi" bilde.

Der einundzwanzigjährige Doktor der Theologie passt in die Familie Bonhoeffer, die auf den ersten Blick wie eine geballte geistige Potenz anmutet: Der Vater, Karl Bonhoeffer, einer der angesehensten Professoren in der noch jungen deutschen Psychiatrie. Urgroßvater und Großvater mütterlicherseits bekannte Theologieprofessoren. Die Mutter besaß – damals eine Seltenheit – das Examen als Lehrerin und unterrichtete ihre Kinder so gut, dass sie etliche Schulklassen überspringen konnten; daher Dietrichs frühe Universitätskarriere. Sein Bruder, der Physikprofessor Karl-Friedrich Bonhoeffer, wurde durch seine Forschungen zur Chemie des Wasserstoffs international bekannt.

1906 in Breslau geboren, kam Dietrich wenige Jahre später nach Berlin, wo sein Vater den Lehrstuhl für Psychiatrie und Neurologie erhalten hatte. In der für alle geistigen Strömungen der Zeit, für Politik, Kunst und Musik aufgeschlossenen Familie war der Mief des wilhelminischen Bürgertums längst durch weitherzige Toleranz abgelöst. Die Geschwister lasen den sozialdemokratischen *Vorwärts*, und es machte starken Eindruck auf Dietrich, als sich seine resolute Großmutter 1933 nicht am Boykott jüdischer Geschäfte beteiligte, sondern sich trotzig an den SA-Wachtposten vorbei in die Läden schob.

Deshalb blieb Dietrichs Mitgliedschaft in der liberal-konservativen Studentenverbindung „Igel“ (die sich bei Arbeitseinsätzen während der Ferien auch sozial betätigte) ebenso Episode wie seine Teilnahme an einer Übung der „Schwarzen Reichswehr“ – die Leute waren ihm zu „reaktionär“.

Zur protestantischen Kirche unterhielt die Familie Bonhoeffer übrigens trotz der Theologen in der Verwandtschaft ein recht kühles Verhältnis. Man ging nicht in die Kirche und schickte auch die Kinder nicht zum Gottesdienst. Zu Hause freilich wurde das Tischgebet gepflegt, und die Mutter erzählte den Kindern Geschichten aus der Bibel.

Von der „Volkskirche“ mit ihren frommen Predigten und Zirkeln scheint man sich mit der Arroganz des aufgeklärten Intellektuellen ferngehalten zu haben: „Wozu die fatale Unerbaulichkeit einer äußeren Versammlung, in der man Gefahr läuft, einem bornierten Prediger gegenüber und geistlosen Gesichtern zur Seite zu sitzen?“ fragt Dietrich provokant in derselben Dissertationsschrift, in der er diese so wenig erbauliche Versammlung als „Heiligtum Gottes“ entdeckt.

Vielleicht steckt in Dietrichs früher Entscheidung, Theologie zu studieren, auch ein Stück Rebellion gegen die Familie (die seinen Entschluss ohne große Auseinandersetzungen respektierte) und der Versuch, in Abgrenzung von seinen stark naturwissenschaftlich interessierten älteren Brüdern einen eigenständigen Weg zu gehen.

Seinen Mitstudenten in Tübingen und Berlin ist er als außerordentlich heller, kritischer Kopf, aber auch als temperamentvoller, zu Späßen aufgelegter Kumpel in Erinnerung. Schwankend zwischen Kanzel und Katheder, erwarb er sich praktische Erfahrungen in der Arbeit mit Kindergruppen in Berlin und als Vikar in Barcelona, wo er vor allem mit deutschen Kaufleuten zu tun hatte.

Die akademische Welt betrat er dann wieder als Assistent an der Berliner Universität; er habilitierte sich mit einem komplizierten philosophischen Thema – das er jedoch wieder ganz bewusst auf die Wirklichkeit der Kirche bezog – und begann sich für die bis dahin eher verachtete Tagespolitik zu interessieren. Später schämte er sich seines anfänglichen Desinteresses an solchen Lebensfragen: Das sei damals „eigentlich frivol“ gewesen, gesteht er in einem Brief.

Als ihn seine Vorgesetzten als Stipendiaten an das *Union Theological Seminary* nach New York schickten, erlebte er bestürzt die Auswirkungen des Rassismus im schwarzen Ghetto

Harlem, begeisterte sich für die pazifistischen Strömungen unter Amerikas Christen und stellte die althergebrachte Trennung zwischen Glaube und Politik zunehmend in Frage. Zurückgekehrt an die Berliner Uni, wo er jetzt als Privatdozent Vorlesungen hielt und Seminare leitete, suchte er seine Studenten zu überzeugen, dass der Krieg zu ächten sei – eine unerhörte Botschaft zu einer Zeit, als sich die Nazis immer mehr auch an den Hochschulen breitmachten.

So nebenher war der 25-Jährige außerdem Studentenpfarrer, Hilfsprediger und Vertreter Deutschlands auf der Konferenz des *Weltbundes für Freundschaftsarbeit der Kirchen* in Cambridge 1931; das war eine der ersten Organisationen der beginnenden ökumenischen Bewegung, und sie machte Bonhoeffer zum Sekretär für ökumenische Jugendarbeit in Mittel- und Nordeuropa.

Gegen die Konferenz von Cambridge hatten nationalistisch angehauchte Theologieprofessoren daheim in Deutschland wütende Artikel geschrieben. „Solange die anderen eine für unser Volk mörderische Politik gegen uns treiben", hieß es da, sei eine christliche Verständigung unmöglich. Bonhoeffer ärgerte sich über solchen „Unsinn", ohne sich in seiner Arbeit irre machen zu lassen. Er reiste von Tagung zu Tagung durch halb Europa und war bald bekannt für seine Abneigung gegen griffige Resolutionen, denen keine gründliche theologische Arbeit vorausging. Ohne eine solche neue Theologie gebe es nämlich keine Änderung des kirchlichen Selbstverständnisses, sondern allenfalls eine rein zweckbestimmte Organisation.

Ausgerechnet Bonhoeffer, der Professorensohn aus dem Großbürgertum, bekam zu dieser Zeit auch noch eine Konfirmandenklasse in Berlin-Wedding aufgehalst, dem Proletarierbezirk, wo man Thälmann statt Hitler und Hindenburg wählte. Aber es war eine der schönsten Aufgaben, die Bonhoeffer jemals zu übernehmen hatte: Er erzählte den aggressiven Jungen, die ihn brüllend begrüßten und mit Dreck bewarfen, Geschichten aus Harlem und der Bibel, lernte mit ihnen Englisch, machte Ausflüge, kaufte ihnen Stoff für den Konfirmationsanzug, ließ ungerührt Uni-Seminare für seine Gruppenstunden ausfallen und mietete sich bei einem Bäckermeister im Wedding ein Zimmer. Glücklich machte es ihn, dass die an proletarische Organisationen gewöhnten Jugendlichen seinen Traum von einer Gemeindekirche genau verstanden – viel besser als die individualistisch erzogenen Bürgerkinder.

Aus Christian Feldmann: Träume beginnen zu leben. Große Christen des 20. Jahrhunderts. 2015. topos premium, Seite 138–141.

James R. Brockmann: Die Mörder Romeros

Romero wurde am 24. März 1980 um ca. 18.30 Uhr erschossen, während der Messfeier für Jorge Pintos Mutter, gegen Ende seiner Predigt. Als der Schuss widerhallte und Romero zu Boden fiel, waren die Anwesenden vor Entsetzen und Bestürzung wie gelähmt. Niemand in der Kapelle sah den Mörder, da der Schuss durch die offene Tür hinten im Raum fiel. In den unmittelbar auf den Schuss folgenden Augenblicken waren die Anwesenden um ihre eigene Sicherheit besorgt und damit beschäftigt, nach Romero zu sehen, der blutend am Boden lag. So entkam der Mörder. In der Verwirrung brachten einige der Anwesenden das Blitzlicht des Fotografen mit dem Schuss in Zusammenhang. Sie packten den Fotografen, der später in den erzbischöflichen Büros die Sache erklären musste.

Am Tag nach der Ermordung deutete Verteidigungsminister Oberst García dem Botschafter der Vereinigten Staaten, Robert White, an, dass ein Exilkubaner, ein Scharfschütze, Romero getötet habe. White wiederholte diese Geschichte der Presse gegenüber. Rechtsextreme behaupteten, die Linke habe ihn getötet, um einen Märtyrer zu haben. Andere mutmaßten, Rechtsextreme hätten den Erzbischof ermordet, in der Hoffnung, einen Aufstand zu provozieren und so die Teilnehmer massakrieren zu können, wie dies im Jahre 1932 geschehen war. Die Gerichtshöfe übergaben den Fall einem Untersuchungsrichter, wie dies im salvadorianischen Gerichtswesen vorgesehen ist.

In seinem Buch *El Grito del Más Pequeño* (Der Schrei des Geringsten) schreibt Jorge Pinto, der an dem Gottesdienst für seine Mutter teilgenommen hatte, sein Freund Napoleon Martínez sei mit Verspätung zur Messe gekommen und habe mehrere Polizeistreifenwagen gesehen, die drei Männern bei ihrer Flucht aus der Kapelle Deckung gegeben hätten. Pinto sagte, Martínez habe „eine Sekunde zuvor" Schüsse gehört und es sei ihm kalt über den Rücken gelaufen, als die Männer ihn ansahen, obwohl er noch gar nicht gewusst haben konnte, was soeben in der Kapelle geschehen war. [...]

Seit Romeros Tod sind zehntausende Salvadorianer wie er ungestraft ermordet worden. Im Tode ist Romero eins mit den Unterdrückten und Verfolgten. Diese Einheit zeigt sich darin, dass das Volk von El Salvador Romeros Grab unablässig besucht. „Dies ist Gemeinschaft in Liebe“, sagte Romero nach der Ermordung Rafael Palacios’. „Es wäre traurig, wenn wir in einem Lande, in dem so entsetzlich gemordet wird, nicht auch Priester zu den Opfern zählen müssten. Sie sind das Zeugnis einer mit den Problemen ihres Volkes verwachsenen Kirche.“

Aus James R. Brockmann: Oscar Romero. Anwalt der Armen. Eine Biografie. 2015. topos premium, Seite 399–400, 409.

Alle Verantwortungsträger ...

... auf wirtschaftlichem, politischem und sozialem Gebiet, alle Männer und Frauen guten Willens möchte ich herzlich bitten: Lasst uns „Hüter“ der Schöpfung, des in die Natur hineingelegten Planes Gottes sein, Hüter des anderen, der Umwelt; lassen wir nicht zu, dass Zeichen der Zerstörung und des Todes den Weg dieser unserer Welt begleiten! Doch um zu „behüten“, müssen wir auch auf uns selber achtgeben!

Aus Papst Franziskus: Freude sei in eurem Herzen. Ein Begleiter für jeden Tag. 2015. topos premium, Seite 39. Aus der Predigt am Hochfest des hl. Josef am 19. März 2013: „Nur wer mit Liebe dient, weiß zu behüten.“

Norbert Arntz: Der Katakombenpakt

Am 16. November 1965 unterzeichnete in der römischen Domitilla-Katakombe 57 Bischöfen (26 aus Lateinamerika, 11 aus Europa, 10 aus Asien, 9 aus Afrika und einem aus Nordamerika) den Katakombenpakt:

Als Bischöfe, die sich zum Zweiten Vatikanischen Konzil versammelt haben, die sich dessen bewusst geworden sind, wie viel ihnen noch fehlt, um ein dem Evangelium entsprechendes Leben in Armut zu führen; die sich gegenseitig darin bestärkt haben, gemeinsam zu handeln, um Eigenbrötelei und Selbstgerechtigkeit zu vermeiden; die sich eins wissen mit all ihren Brüdern im Bischofsamt; die vor allem aber darauf vertrauen, durch die Gnade unseres Herrn Jesus Christus sowie durch das Gebet der Gläubigen und Priester unserer Diözesen bestärkt zu werden; die in Denken und Beten vor die Heilige Dreifaltigkeit, vor die Kirche Christi, vor die Priester und Gläubigen unserer Diözesen hintreten; nehmen wir in Demut und der eigenen Schwachheit bewusst, aber auch mit aller Entschiedenheit und all der Kraft, die Gottes Gnade uns zukommen lassen will, die folgenden Verpflichtungen auf uns:

1. Wir werden uns bemühen, so zu leben, wie die Menschen um uns her üblicherweise leben, im Hinblick auf Wohnung, Essen, Verkehrsmittel und allem, was sich daraus ergibt. (vgl. Matthäus 5,3; 6,33–34; 8,20)
2. Wir verzichten ein für allemal darauf, als Reiche zu erscheinen wie auch wirklich reich zu sein, insbesondere in unserer Amtskleidung (teure Stoffe, auffallende Farben) und in

unseren Amtsinsignien, die nicht aus kostbarem Metall – weder Gold noch Silber – gemacht sein dürfen, sondern wahrhaft und wirklich dem Evangelium entsprechen müssen. (vgl. Markus 6,9; Matthäus 10,9–10; Apostelgeschichte 3,6)

3. Wir werden weder Immobilien oder Mobiliar besitzen noch mit eigenem Namen über Bankkonten verfügen; und alles, was an Besitz notwendig sein sollte, auf den Namen der Diözese bzw. der sozialen oder karitativen Werke überschreiben. (vgl. Matthäus 6,19–21; Lukas 12,33–34)
4. Wir werden, wann immer dies möglich ist, die Finanz- und Vermögensverwaltung unserer Diözesen in die Hände einer Kommission von Laien legen, die sich ihrer apostolischen Sendung bewusst und fachkundig sind, damit wir Apostel und Hirten statt Verwalter sein können. (vgl. Matthäus 10,8; Apostelgeschichte 6,1–7)
5. Wir lehnen es ab, mündlich oder schriftlich mit Titeln oder Bezeichnungen angesprochen zu werden, die gesellschaftliche Bedeutung oder Macht zum Ausdruck bringen (Eminenz, Exzellenz, Monsignore ...). Stattdessen wollen wir als „Padre" angesprochen werden, eine Bezeichnung, die dem Evangelium entspricht. (vgl. Matthäus 20,25–28; 23,6–11; Johannes 13,12–15)
6. Wir werden in unserem Verhalten und in unseren gesellschaftlichen Beziehungen jeden Eindruck vermeiden, der den Anschein erwecken könnte, wir würden Reiche und Mächtige privilegiert, vorrangig oder bevorzugt behandeln (z. B. bei Gottesdiensten und bei gesellschaftlichen Zusammenkünften, als Gäste oder Gastgeber). (vgl. Lukas 14,12–14; 1 Korinther 9,14–19)

7. Ebenso werden wir es vermeiden, irgendjemandes Eitelkeit zu schmeicheln oder ihr gar Vorschub zu leisten, wenn es darum geht, für Spenden zu danken, um Spenden zu bitten oder aus irgendeinem anderen Grund. Wir werden unsere Gläubigen darum bitten, ihre Spendengaben als üblichen Bestandteil in Gottesdienst, Apostolat und sozialer Tätigkeit anzusehen. (vgl. Matthäus 6,2–4; Lukas 16,9–13; 2 Korinther 12,14)
8. Für den apostolisch-pastoralen Dienst an den wirtschaftlich Bedrängten, Benachteiligten oder Unterentwickelten werden wir alles zur Verfügung stellen, was notwendig ist an Zeit, Gedanken und Überlegungen, Mitempfinden oder materiellen Mitteln, ohne dadurch andere Menschen und Gruppen in der Diözese zu vernachlässigen. Alle Laien, Ordensleute, Diakone und Priester, die der Herr dazu ruft, ihr Leben und ihre Arbeit mit den Armgehaltenen und Arbeitern zu teilen und so das Evangelium zu verkünden, werden wir unterstützen. (vgl. Lukas 4,18f.; Markus 6,3; Matthäus 11,4–5; Apostelgeschichte 18,3–4; 20,33–35; 1 Korinther 4,12; 9,1–27)
9. Im Bewusstsein der Verpflichtung zu Gerechtigkeit und Liebe sowie ihres Zusammenhangs werden wir daran gehen, die Werke der „Wohltätigkeit“ in soziale Werke umzuwandeln, die sich auf Gerechtigkeit und Liebe gründen und alle Frauen und Männer gleichermaßen im Blick haben. Damit wollen wir den zuständigen staatlichen Stellen einen bescheidenen Dienst erweisen. (vgl. Matthäus 25,31–46; Lukas 16,12–14 und 19–31)
10. Wir werden alles dafür tun, dass die Verantwortlichen unserer Regierung und unserer öffentlichen Dienste solche

Gesetze, Strukturen und gesellschaftlichen Institutionen schaffen und wirksam werden lassen, die für Gerechtigkeit, Gleichheit und gesamtmenschliche harmonische Entwicklung jedes Menschen und aller Menschen notwendig sind. Dadurch soll eine neue Gesellschaftsordnung entstehen, die der Würde der Menschen- und Gotteskinder entspricht. (vgl. Apostelgeschichte 2,44f.; 4,32–35; 5,4; 2 Korinther 8,1–15 und 2 Korinther 9,6–7)

11. Weil die Kollegialität der Bischöfe dann dem Evangelium am besten entspricht, wenn sie sich gemeinschaftlich im Dienst an der Mehrheit der Menschen – zwei Drittel der Menschheit – verwirklicht, die körperlich, kulturell und moralisch im Elend leben, verpflichten wir uns:
Gemeinsam mit den Episkopaten der armen Nationen dringliche Projekte zu verwirklichen, entsprechend unseren Möglichkeiten;
Auch auf der Ebene der internationalen Organisationen das Evangelium zu bezeugen, wie es Papst Paul VI. vor den Vereinten Nationen tat, und gemeinsam dafür einzutreten, dass wirtschaftliche und kulturelle Strukturen geschaffen werden, die der verarmten Mehrheit der Menschen einen Ausweg aus dem Elend ermöglichen, statt in einer immer reicher werdenden Welt ganze Nationen verarmen zu lassen. (vgl. 1 Korinther 12,12–26; 2 Korinther 8; 1 Johannes 3,11–18)

12. In pastoraler Liebe verpflichten wir uns, das Leben mit unseren Geschwistern in Christus zu teilen, mit allen Priestern, Ordensleuten und Laien, damit unser Amt ein wirklicher Dienst werde. In diesem Sinne werden wir gemeinsam mit ihnen „unser Leben ständig kritisch prüfen";

sie als Mitarbeiterinnen und Mitarbeiter verstehen, sodass wir vom Heiligen Geist inspirierte Animateure werden, statt Chefs nach Art dieser Welt zu sein;
uns darum bemühen, menschlich präsent, offen und zugänglich zu werden.
uns allen Menschen gegenüber offen erweisen, gleich welcher Religion sie sein mögen. (vgl. Markus 8,34f.; 1 Petrus 5,1–4)

13. Nach der Rückkehr in unsere Diözesen werden wir unseren Diözesanen diese Verpflichtungen bekanntmachen und sie darum bitten, uns durch ihr Verständnis, ihre Mitarbeit und ihr Gebet behilflich zu sein.
Gott helfe uns, unseren Vorsätzen treu zu bleiben.

Aus Norbert Arntz: Katakombenpakt. Für eine dienende und arme Kirche. 2015. topos taschenbuch 1037, Seite 77–83 (bearbeitet).

Edmund Schlink: Die Vision des Papstes

Es war am Freitag nach dem Fest der Himmelfahrt Christi. Der Papst hatte in seiner Privatkapelle die Messe gelesen und verharrte nach den letzten Worten auf den Knien im Gebet und in der Betrachtung des Kreuzes auf dem Altar.

Da erblickte er über dem Altar in Lebensgröße die Gestalt eines Menschen: Der Körper ist von Wunden zerfressen. Diese Wunden sind nicht auf die Oberfläche beschränkt, sondern reichen in die Tiefe, ja, es sind Risse, die durch den Körper hindurchgehen und selbst die Muskeln voneinander trennen. Es scheint, als gehe der Blick durch die Risse hindurch ins Leere. Und doch sind die Teile des Körpers nicht gänzlich voneinander getrennt. Sie sind miteinander durch die Adern verbunden, in denen das Blut pulsiert. Die Arme sind ausgestreckt wie die des gekreuzigten Christus. Aber sie sind vom Körper getrennt, und die Gelenke sind nicht ineinander gefügt. Die Teile scheinen frei in der Luft zu schweben, und doch sind sie nicht ohne Zusammenhang. Auch sie sind untereinander durch Adern verbunden, in denen das Blut fließt.

Als der Papst den Blick zum Haupt dieser Gestalt erhob, sah er ein Gesicht mit einem solchen Ausdruck des Leidens, wie er noch nie eines gesehen hatte. Zugleich waren die Augen in einer so durchdringenden Zuwendung auf ihn gerichtet, dass er es nicht aushielt und den Blick senkte. Da vernahm er die Worte: „Das ist mein Leib." Als er die Augen wieder erhob, war die Gestalt verschwunden. Zu sehen war nur noch der Kruzifixus auf dem Altar.

Der Papst war über diese Erscheinung zutiefst entsetzt. Was sollte sie bedeuten? Das Wort, das er vernommen hatte, war ein Herrenwort, dasselbe, mit dem Jesus das Abendmahl eingesetzt hatte und das jeder Priester in der Messe wiederholt. Auch er hatte es an diesem Morgen gesprochen. War die Gestalt, die er gesehen hatte, der Herr?

Der Blick, der ihn getroffen hatte, war von einer unausweichlichen, überwältigenden Macht. Aber die Gestalt, die ihm erschienen war, entsprach nicht dem, was in der Passionsgeschichte der Evangelien überliefert ist. Denn nach ihnen war der Leib Jesu weder am Kreuz noch bei der Abnahme vom

Kreuz zerbrochen worden. Auch aus der Geschichte der christlichen Kunst war ihm keine Darstellung des Gekreuzigten bekannt, die dem von ihm Geschauten glich. Er konnte es auch nicht als Darstellung des sakramentalen Leibes Christi verstehen, der in der Eucharistie den Glaubenden gereicht wird. Denn die Gestalt dieses Leibes ist das Brot, die Hostie.

Sollte er das Bild der Kirche gesehen haben, von der der Apostel Paulus gesagt hatte, dass Christus ihr Haupt und sie sein Leib ist? Aber kann der Zusammenhang zwischen dem Haupt und den Gliedern so gestört und kann der Leib Christi so zerrissen sein, wie er es geschaut hatte? Es heißt doch im Epheserbrief: Christus ist das Haupt, „von welchem der ganze Leib zusammengefügt und zusammengehalten wird durch alle sich unterstützenden Gelenke". Ist ein Zerrissensein des Leibes Christi nicht vollends ausgeschlossen, wenn man bedenkt, dass nach den paulinischen Aussagen Christus nicht nur das Haupt des Leibes, sondern Haupt und Leib zugleich ist? Widerspricht dem Geschauten nicht auch der tatsächliche Zustand der Kirche? Der Papst war gewohnt, unter den „Gelenken" des einen Leibes die Ämter der römisch-katholischen Kirche zu verstehen. Diese Gelenke waren nicht zerrissen. Der Zusammenhang zwischen dem Papst und den Bischöfen sowie zwischen diesen und den Priestern und dem Kirchenvolk war trotz mancher Spannungen durchaus erhalten. Die päpstlichen Weisungen drangen auf dem Wege über diese Ämter bis zu den abgelegensten katholischen Gemeinden. Sollte das innere Gefüge dieser Kirche, sollte ihr Zusammenhang mit Christus so stark gefährdet sein?

Der Papst konnte das Geschaute nicht verstehen. Er war so ratlos, dass er versuchte, sich vom Eindruck der Vision zu lösen.

Er wehrte sich gegen das Geschaute, und doch kam er davon nicht los. Denn es war ihm gewiss, dass die Vision nicht in ihm selbst ihren Ursprung hatte, sondern dass ihm in ihr eine Begegnung im eigentlichsten Sinn widerfahren war. Er war gewiss, von einem anderen gestellt und angeredet zu sein: vom Herrn.

Eine Woche später, am Freitag vor Pfingsten, hatte er frühmorgens dieselbe Erscheinung. Als er nach der Messe auf den Kruzifixus schaute, erblickte er über dem Altar abermals jene lebensgroße Gestalt mit ausgestreckten Armen. Wieder sah er den mit Wunden bedeckten und bis in die Tiefe hinein zerrissenen Leib. Er sah Risse, die diesen Leib schlimmer entstellten als die Wunden, die Jesus bei seiner Kreuzigung zugefügt worden waren. Er suchte nach einem gesunden Teil des Leibes, der sich von den anderen Teilen unterscheiden würde. Aber alle waren sie zerrissen und wund. Er suchte nach dem Herzen, von dem der Blutkreislauf durch die Adern in die getrennten Teile des Leibes ausging. Aber es schien ihm ein tiefer Riss auch mitten durch die Brust, ja, durch das pulsierende Herz selbst zu gehen. Wieder sah er die aus ihren Gelenken gerissenen Arme und Hände, die keinem zentralen Willen mehr zu gehorchen schienen, und darüber das Haupt. Wieder erschütterte ihn der Ausdruck des Schmerzes in diesem Angesicht – ein Schmerz, der sich nicht in sich selbst verschloss, sondern der sich ihm zuwandte und in dieser Zuwendung ihn aufdeckte als den Sünder, der selbst eine der Ursachen dieses Schmerzes war. Als der Papst diesmal länger in das Antlitz des Erschienenen schaute, sah er, wie sich die Lippen bewegten, und er hörte die Worte: „Ich will, dass alle eins sind. Tue Buße." Nach diesen Worten senkte der Papst seinen Blick. Als er die Augen wieder erhob, war die Gestalt nicht mehr zu sehen.

Wieder hatte der Papst Worte gehört, die jeder Christ kennt – Worte Jesu, die in den Evangelien überliefert sind. Darum, dass alle eins seien, hatte Jesus vor seinem Tode gebetet: „Ich bitte, dass alle eins seien, wie du, Vater, in mir bist und ich in dir, dass auch sie in uns eins seien, damit die Welt glaube, dass du mich gesandt hast." Diese Bitte war ihm nun als Gebot begegnet.

Blitzartig wurde ihm gewiss, dass er Christus und die Kirche geschaut hatte, freilich nicht Christus und die römisch-katholische Kirche allein, sondern Christus und die gesamte Christenheit. In ihr bestanden tatsächlich Risse, die so in die Tiefe gingen, dass der organische Lebenszusammenhang zwischen den Gliedern zerstört war. Keine einzelne Kirche konnte in sich so zerrissen und zersetzt sein, wie er es geschaut hatte. Wohl aber befand sich die Christenheit als Ganzes in diesem abnormen Zustand. Auch wenn ihre einzelnen Teile meinten, je in sich intakt zu sein und über eine aktionsfähige Ordnung der Ämter zu verfügen, so war doch jeder dieser Teile durch die Trennung von den anderen verwundet und gelähmt. Galt dies ausnahmslos? Er hatte keinen Unterschied zwischen gesunden und kranken, aktionsfähigen und aktionsunfähigen Gliedern des von ihm geschauten Leibes erkennen können. Alle waren verwundet.

Trotz des Zertrenntseins waren die Teile dieses Leibes innerhalb eines gemeinsamen Umrisses, ja, als eine Gestalt erschienen. Trotz der Zerteilung standen sie unter ein- und demselben Haupt. Je länger er über das Geschaute nachdachte, desto überwältigender wurde ihm klar, dass alle Teile des Leibes von demselben Blut durchströmt waren: Christus, dessen Blut am Kreuz vergossen worden war, hat also nicht aufgehört, trotz der Verleugnung der Einheit durch die Christen, die getrennten Teile der Christenheit zu durchbluten und so Leben zu erhalten. Wenngleich die Christenheit die ihr geschenkte Einheit nicht bewahrt hat, hält Christus sie dennoch fest und gibt den Getrennten weiterhin Anteil an seiner Lebenskraft.

Aber konnten die von Rom getrennten Teile der Christenheit überhaupt als Teile des Leibes Christi angesehen werden? Konnten sie wie die römisch-katholische Kirche vom Herzschlag Christi durchblutet sein? Konnten sie zum Leibe Christi nicht erst dann gehören, wenn sie sich in der römischen Kirche einordneten? War nicht sie die gesunde Mitte, der alle anderen Glieder des Leibes zugeordnet waren? Der Papst hatte keinen Teil des Leibes geschaut, der gesund gewesen wäre. Alle Teile waren losgerissen und wund, aber durchblutet von demselben Blut. [...]

Schon wenige Tage später, unmittelbar nach dem Pfingstfest, wurde ihm die dritte Vision zuteil. Wieder erblickte er in seiner Privatkapelle nach der Messe die lebensgroße Gestalt über dem Altar. Es war dieselbe, die er bereits zweimal gesehen hatte, und doch war sie verändert: Die Risse im Leib sind verschwunden. Die Glieder sind nicht mehr vom Leib getrennt. Der Zusammenhang zwischen dem Haupt, dem Leib und den Gliedern ist durch nichts mehr unterbrochen. Nur die Narben sind noch sichtbar, die einst der auferstandene Christus den Jüngern gezeigt hatte, die Zeichen der Kreuzigung an den Händen und an den Füßen und die Narben des Lanzenstichs in seiner Seite. Die Arme sind nicht mehr ausgespannt wie am Kreuz, sondern erhoben zum Segen. Die ganze Gestalt ist nun heil, und es geht von ihr ein Glanz aus, der die Lichter der Kerzen auf dem Altar überstrahlt. Am hellsten strahlt das Angesicht, so hell, dass es kaum möglich ist, in diesen Glanz hineinzuschauen. Der Papst erblickt ein Antlitz von einer überwältigenden Hoheit und Schönheit. Es ist zugleich das vertrauteste Antlitz, das er je gesehen hat. Der Ausdruck der Qual ist gänzlich aus ihm gewichen. Es wendet sich ihm zu, nicht mit dem Blick eines Richters, sondern dem eines Liebenden. Er vernimmt die Worte: „Friede sei mit dir! Stärke deine Brüder! Folge mir nach!“ Nach diesen Worten wächst die Gestalt in alle Richtungen, in die Höhe und in die Breite und in die Tiefe. Sie erfüllt den ganzen Raum der Kapelle, ja, sie durchbricht die Grenzen dieses Raumes. Die Wände und das Gewölbe entschwinden. Die Gestalt scheint in das All hineinzuwachsen.

Von diesem Glanz auf allen Seiten umgeben, hatte der Papst die Augen geschlossen. Sein Haupt und seinen Oberkörper beugte er tief hinab. Er sank vor den Stufen des Altars zu Boden und lag da in der Haltung der Anbetung, in der er einst seine Priesterweihe und später seine Bischofsweihe empfangen hatte. Er war von dieser Vision nicht nur erschüttert, sondern zutiefst beglückt. Hier trat ihm Christus nicht nur gegenüber, sondern erfüllte ihn und nahm ihn hinein in seine siegreiche Lebensbewegung. Als er die Augen wieder öffnete, sah er nur das Kreuz auf dem Altar und die Kerzen. [...] Es war ihm gewiss, dass er das Leben noch einmal empfangen hatte, um es hinfort für diese Aufgabe einzusetzen: die Einigung der Christen.

Wie sollte er das tun? Wie sollte er das vollbringen, woran schon so viele vor ihm gescheitert waren? War das Gebot: „Ich will, dass alle eins sind!“ nicht eine unerfüllbare Forderung?

Aber wen hatte er denn gesehen? Den gekreuzigten Christus, der vom Tode auferstanden ist, der lebt! Hatte er nur ihn gesehen? Gibt es jetzt überhaupt noch Christus allein, Christus ohne die Kirche? War Christus durch die Spaltungen der Christenheit zerrissen, sollten dann diese Spaltungen mächtiger bleiben als seine Einheit? Hatte er nicht auch Christi geheilten Leib gesehen, die Kirche, die zur Einheit unter dem Haupte wieder zusammengewachsen war? So verstand er die dritte Erscheinung als Verheißung. Das Gebot „Ich will, dass alle eins sind!" blieb nicht als eine unerfüllbare Forderung über ihm. Vielmehr war es ihm in der Kraft göttlicher Erfüllung begegnet, getragen von der Gegenwart Christi in den getrennten Teilen der Christenheit und von der Verheißung der Heilung dieser Spaltungen.

Dies war die letzte Vision, die dem Papst zuteil wurde. Auch in seinem späteren Leben folgte keine weitere. Da jede der drei Erscheinungen mit einer Anrede verbunden war, muss hinzugefügt werden, dass dies auch die letzte Audition im Leben des Papstes war.

Aus Edmund Schlink: Die Vision des Papstes. Erzählung. 2015. topos premium, Seite 41–47 (gekürzt).

Was heißt es ...

... für unsere Gemeinschaften und für einen jeden von uns, zu einer Kirche zu gehören, die katholisch und apostolisch ist? Vor allem bedeutet es, sich das Heil der ganzen Menschheit zu Herzen zu nehmen, dem Schicksal vieler unserer Brüder nicht gleichgültig oder unbeteiligt gegenüberzustehen, sondern offen und solidarisch mit ihnen zu sein. Außerdem bedeutet es, sich der Fülle, der Vollkommenheit, der Harmonie des christlichen Lebens bewusst zu sein und parteiliche, einseitige Haltungen, die uns in uns selbst verschließen, stets zurückzuweisen.

Aus Papst Franziskus: Freude sei in eurem Herzen. Ein Begleiter für jeden Tag. 2015. topos premium, Seite 92. Während der Generalaudienz auf dem Petersplatz am 17. September 2014: „Bekenntnis zur katholischen und apostolischen Kirche.“

Hans Maier: Religionsfreiheit

Wie universal sind die Menschenrechte? Auf diese Frage gibt es keine schnelle und bündige Antwort gibt. Wer sich auf die gegenwärtige Diskussion einlässt, muss sich mit Geduld wappnen. Den Dialog der potenziellen Partner aus den unterschiedlichen Ethnien, Kulturen, Religionen der heutigen Welt neu in Gang zu bringen, Widerstände abzubauen, wechselseitiges Verständnis zu wecken – das erfordert Zeit.

Hier kann man aus der Geschichte lernen. Denn auch das Verhältnis von Christentum und Menschenrechten – das uns heute so entspannt und problemlos erscheint! – war anfangs spannungsreich; es hat wechselnde Phasen durchlaufen: vom heftigen Gegensatz in den Anfängen der Menschenrechtsbewegung bis zu Zeiten immer besseren Verstehens und schließlich einer weitgehenden Konvergenz. Wenn dies aber schon für die Ursprungskultur der Menschenrechte – die westliche Kultur – gilt, muss man dann nicht auch für die künftige *Menschenrechtskultur der Welt* in größeren Zeiträumen denken? [...]

Moderne Freiheit ist nicht denkbar ohne das lange und beständige Werk christlicher Erziehung in Europa und in der westlichen Welt. Sie konnte sich nur entfalten in einer Gesellschaft, die geprägt war vom Gedanken des unendlichen Wertes der einzelnen Seele und der persönlichen Verantwortung des Menschen vor Gott. Dennoch dauerte es Jahrhunderte, bis das Postulat der Freiheit die Ebene des Individuums erreichte und die herkömmliche soziale Ordnung umzugestalten begann. In der älteren, vorrevolutionären Gesellschaft realisierte sich Freiheit vorwiegend in korporativen Formen; sie kam nicht allen Menschen gleichmäßig zu. Die Verwandlung der korporativen Freiheiten in die Freiheit des Individuums ist vor allem das Werk der Aufklärung gewesen. Jetzt wurde das Individuum, unabhängig von seinem Stand, zum selbstständigen Träger von Rechten gegenüber dem Staat – eine Entwicklung, welche die Voraussetzung bildet für Rechtsstaat, Grundrechte und moderne Demokratie. [...]

Je nach den räumlichen und zeitlichen Gegebenheiten hat sich auch das Verhältnis der Katholiken zur Aufklärung und ihren Leitideen (Freiheit, Gleichheit, Menschenrechte) unterschiedlich entwickelt. Am stärksten war die Aufklärungsdistanz im Frankreich der Restaurationszeit – nach den heftigen Zusammenstößen zwischen Revolution und Kirche nach 1789 kein Wunder. Ähnliches gilt für das Deutschland der Romantik und später des sozialen und politischen Katholizismus sowie für die katholischen Emanzipations- und Sammlungsbewegungen in Belgien, Irland, Polen, Italien seit 1830. Demgegenüber konnten die Katholiken in Großbritannien und den USA stärker auf freiheitliche Traditionen ihrer Länder zurückgreifen, die im Unterschied zur kontinentalen, vor allem französischen Aufklärung nicht kirchen- und christentumsfeindlich waren.

Die päpstlichen Äußerungen zur Französischen Revolution und zur liberalen Bewegung des 19. Jahrhunderts sind bis zu Leo XIII. noch ganz von der Abwehr der neuen Freiheitsideen bestimmt. Die angelsächsischen Freiheits- und Demokratietraditionen traten erst im 20. Jahrhundert in den Blick der Kirche. Sie entfalteten dann vor allem im Zweiten Vaticanum eine starke Wirkung: Es ist kein Zufall, dass ein nordamerikanischer Jesuit, John Courtney Murray, maßgeblich an der Erklärung des Konzils über die Religionsfreiheit mitgewirkt hat. Inzwischen hatte der Kampf gegen die modernen Totalitarismen die katholische Kirche und die freiheitlichen Demokratien zusammengeführt. Nach dem Zweiten Weltkrieg schuf die Aneignung der Menschenrechte durch das kirchliche Lehramt weitere Gemeinsamkeiten. Bereits die erste Stellungnahme der Päpste zur Französischen Revolution, das Breve „Quod aliquantum“ schlägt das Thema Freiheit und Gleichheit an. Die Freiheitslehre der Revolution wird in diesem Schreiben komplett verworfen, ja als absurd bezeichnet; die Behauptung einer angeborenen Freiheit und Gleichheit des Menschen (unter irdischen Bedingungen, nicht in einem paradiesischen Naturstand!) gilt dem Papst als „sinnlos“. Denn sie verstößt nicht nur gegen den Gott geschuldeten Gehorsam, sie verkennt auch die menschliche Natur. In ihrer natürlichen Schwäche bedürfen die Menschen zur Selbsterhaltung des mitmenschlichen Beistands; sie können nicht als Einzelne für sich bestehen. Deshalb verlangt menschliches Zusammenleben geordnete Herrschaft unter Rechtsgesetzen. In diesem Sinn hatte bereits die Mehrheit des Klerus in der Nationalversammlung im August 1789 beantragt, die Erklärung der Rechte durch eine Erklärung der Pflichten zu ergänzen – allerdings vergeblich. Im Übrigen weist das Schreiben die Übergriffe des Staates in kirchliche Zuständigkeiten zurück und betont die Disziplinargewalt des Papstes bezüglich seiner Gläubigen. In diesem Sinn äußern sich dann auch die in der Nationalversammlung vertretenen französischen Bischöfe. Man sieht: Der Konflikt wird zunächst als eine Auseinandersetzung zwischen einer schrankenlos gebietenden Volkssouveränität und den Rechten der Kirche erfahren. [...]

Noch schärfer und einseitiger formulieren dann Gregor XVI. und Pius IX. im 19. Jahrhundert die Einwände der Kirche gegen die liberalen Freiheitslehren. Dabei wendet sich die Enzyklika „Mirari vos" (1832) nicht nur an die Bischöfe; sie nimmt, zumindest indirekt, auch Bezug auf den liberalen Katholizismus – jene Bewegung, die in Frankreich in der Revolution von 1830 unter Führung des katholischen Priesters Lamennais mit dem Ruf „Dieu et la liberté" hervorgetreten war und im gleichen Jahr maßgeblich zur staatlichen Emanzipation und Verselbstständigung Belgiens beigetragen hatte. Berühmt und berüchtigt ist die Charakterisierung der Freiheit des Gewissens in diesem päpstlichen Dokument: „irrige Meinung", „Wahnsinn", „seuchenartiger Irrtum" und die entschiedene Ablehnung der Meinungs-, Rede- und Pressefreiheit.

Auf dieser Basis unternimmt dann Pius IX. in seinem Apostolischen Brief „Quanta cura" (1864) und in dem gleichzeitig veröffentlichten „Syllabus complectens praecipuos nostrae aetatis errores ...“ eine grundsätzliche Auseinandersetzung mit verschiedenen, als Zeitirrtümer bezeichneten Lehren: Die Reihe reicht vom Pantheismus, Naturalismus und Rationalismus bis zum „heutigen Liberalismus“.

Erst mit Leo XIII. (Papst von 1878–1903) ändert sich dann der Stil der päpstlichen Äußerungen zu Liberalismus, Demokratie, politischer Freiheit. Die düsteren und pathetischen Töne verschwinden, die larmoyante Zeit-Anklage tritt zurück. Zwar beginnt auch dieser Papst wie seine Vorgänger mit der Kritik an geläufigen Zeitirrtümern. Aber an die Stelle bloßen Reagierens, bloßer Abwehr tritt nun immer stärker die Bemühung um den Aufbau einer zeitgerechten Staats- und Soziallehre. Leo XIII. kennt die Lebensbedingungen der Kirche in der nachrevolutionären Welt. Er ist erfüllt vom Willen, die christliche Botschaft in ihrem universalen Gehalt bei Christen wie Nichtchristen neu zur Sprache zu bringen. So gelingt es ihm, die Kurie wieder in intensive Berührung mit dem Leben der modernen Staaten zu bringen und das Papsttum trotz seiner „Gefangenschaft im Vatikan“ zu einer weltweit anerkannten moralischen Autorität zu machen.

Deutlicher als bisher werden jetzt in Bezug auf die Freiheitsthematik drei Felder der Auseinandersetzung unterschieden:

1. die notwendige Abwehr revolutionärer Staatsomnipotenz,
2. die kritische Diskussion des liberalen Freiheitsgedankens,
3. das Problem der Religionsfreiheit.

1. Frühzeitig erkennt Leo XIII., dass in allen gesellschaftlichen und politischen Bewegungen, die in der zweiten Hälfte des 19. Jahrhunderts die katholische Kirche bedrohen – Kultur-

kampf, Laizismus, antikirchliche Schul- und Ehegesetzgebung –, ein revolutionäres Staatsverständnis nachwirkt, das auf der Idee der Totalität des Politischen beruht und dem Staat das Recht zuschreibt, alleinige Ordnungsinstanz des sozialen Lebens zu sein. Für eine Kirche, die für sich selbstständige Geltung als *societas perfecta* in Anspruch nimmt, bleibt in dieser Konzeption kein Platz. Auf den Anspruch dieser unumschränkten Volkssouveränität und Staatsomnipotenz – die sich nicht selten mit einem pseudoreligiösen Messianismus verbindet – antwortet Leo XIII., indem er die alte kirchliche Lehre von den zwei Gewalten und ihrer geordneten Zusammenarbeit in Erinnerung ruft. Staat und Kirche haben getrennte Zuständigkeiten, sie ordnen verschiedene Bereiche der menschlichen Existenz. Weder hat der Staat religiöse, noch hat die Kirche politische Aufgaben. Gegenüber dem revolutionären Messianismus formuliert Leo XIII. die These, nicht der Staat sei dem Menschen Führer zum Himmel, sondern die Kirche. Aber ebenso deutlich rückt er von unerleuchteten Eiferern, von überholten theokratischen Anschauungen bezüglich der weltlichen Herrschaft der Kirche ab.

2. Leo XIII. gab sich keinen Täuschungen darüber hin, dass die Zeittendenzen einer Gleich- und Zuordnung von Staat und Kirche nicht günstig waren, da die übergreifende Einheit einer christlichen Gesellschaft inzwischen weggefallen war. Daher kreist sein Denken in den Enzykliken „Libertas", „Sapientiae" und „Rerum novarum" um die Frage, was in den Bewegungen der Zeit, vor allem im Liberalismus, christlicher Aneignung zugänglich, was abzulehnen sei, und in welcher Weise die Kirche, die sich in der modernen Gesellschaft nicht mehr auf die fraglose Gültigkeit göttlichen Rechts und auf den Schutz christli-

cher Fürsten stützen kann, neu im sozialen Leben verwurzelt werden könne.

Das Ergebnis ist differenziert: Nach wie vor wird die moderne Auffassung der Freiheit als Ungebundenheit zurückgewiesen, der ethische Rationalismus kritisiert. Freiheiten ohne sittliche Bindung sind verwerflich. Darin folgt Leo XIII. ohne Einschränkung seinen Vorgängern. Aber stärker als sie hebt er hervor, dass die kirchliche Lehre zu allen Zeiten ein Hort der Willensfreiheit war, dass in der katholischen Kirche nie ein zerstörerischer Determinismus Fuß gefasst hat und dass insofern „die Freiheit von niemandem lauter verkündet und standhafter verteidigt worden ist als von der katholischen Kirche". Auch die *natürliche* Freiheit erscheint in seiner Darstellung in einem neuen Licht – sie ist Quelle und Prinzip der *sittlichen* Freiheit. [...]

3. Am wenigsten wich Leo XIII. in der Frage der Religionsfreiheit von der Tradition ab. Zwar ist auch hier die Argumentation behutsamer, der Papst bemühe sich darum, zu überzeugen und nicht einfach zu verurteilen, gleichwohl: die „Freiheit eines jeden, eine beliebige Religion oder auch gar keine zu bekennen", wird von ihm entschieden abgelehnt. Denn es gibt unter den Pflichten des Menschen „keine so erhabene und heilige wie die Pflicht, Gott fromm und ehrfürchtig zu verehren". Wahre Tugend ist ohne Religion nicht denkbar. Der Papst, in seiner Kirchenpolitik oft ein wegen seines „heiligen Opportunismus" gescholtener Pragmatiker, lässt in dieser zentralen Frage nicht mit sich reden, und selbst wenn er die alte Formel „Keine Freiheit für den Irrtum!" tunlichst vermeidet – seine Darlegungen gehen doch überall vom Vorrang der Wahrheit vor der Freiheit aus. Er kennt auch keinen Unterschied zwi-

schen einem Staat, der Religionsfreiheit gewährt, und einem „Staat ohne Gott“. Die historische Vielfalt der Beziehungen von Staat und Religion in seiner Zeit – von Staatskirchenländern bis zu Trennungssystemen, von Spanien und Italien bis zu den USA und Frankreich – kommt kaum in seinen Blick. Ja, es scheint, als konzentriere sich die päpstliche Verteidigungslinie gegenüber der vordringenden liberalen und demokratischen Bewegung bei Leo XIII. ganz auf die Abwehr einer staatlicherseits verordneten oder eingeräumten Religionsfreiheit. Seinen so vielfältig in die Zukunft weisenden Überlegungen ist die Vorstellung eines Staates, der aus Respekt vor der Religion – und nicht aus Gleichgültigkeit oder Feindschaft – darauf verzichtet, religiöse Einheit durch Gesetz und notfalls mit Zwangsmitteln herzustellen, noch ganz fremd. Das zeigt, wie stark und wie lange der Gedanke der *res publica christiana* den Papst – und das katholische Denken insgesamt – beherrscht hat.

So hat erst das Zweite Vaticanum in seiner „Erklärung über die Religionsfreiheit“ (1965) feierlich das Recht der Person und der Gemeinschaften auf gesellschaftliche und bürgerliche Freiheit in religiösen Dingen verkündet. „Das Vatikanische Konzil erklärt, dass die menschliche Person das Recht auf Religionsfreiheit hat. Diese Freiheit besteht darin, dass alle Menschen frei sein müssen von jedem Zwang sowohl vonseiten Einzelner wie gesellschaftlicher Gruppen wie von jeglicher menschlichen Gewalt, sodass in religiösen Dingen niemand gezwungen wird, gegen sein Gewissen zu handeln, noch daran gehindert wird, privat und öffentlich, als Einzelner oder in Verbindung mit anderen – innerhalb der gebührenden Grenzen – nach seinem Gewissen zu handeln. Ferner erklärt das Konzil, das Recht auf Religionsfreiheit sei in Wahrheit auf die Würde der menschlichen Person selbst gegründet, so wie sie durch das geoffenbarte Wort Gottes und durch die Vernunft selbst erkannt wird. Dieses Recht der menschlichen Person auf Religionsfreiheit muss in der rechtlichen Ordnung der Gesellschaft so anerkannt werden, dass es zum bürgerlichen Recht wird."

Die „Erklärung über die Religionsfreiheit" setzt einen neuen Akzent im Verhältnis der katholischen Kirche zur modernen Welt. Sie bringt die lange und schmerzvolle Auseinandersetzung mit den aus der Aufklärung stammenden Freiheitslehren und -ansprüchen im zentralen Bereich von Glauben und Gewissen zu einem vorläufigen Abschluss. Darin bildet sie ein epochemachendes Ereignis in der Geschichte der Kirche. Wie von Trient der einheitlich-geschlossene Katholizismus ausging, der „in stolzer Türme Wehr" dem Ansturm der Feinde trotzte, wie das Erste Vaticanum diesen Katholizismus in straffer hierarchischer Durchorganisation der Welt und Zeit und ihren „Irrtümern" gegenüberstellte, so hat das Zweite Vaticanum eine behutsame *Zuwendung zur Welt* eingeleitet, deren Eigenständigkeit und „rechtverstandene Autonomie" jetzt anerkannt wird und der die Katholiken künftig in einer Haltung des Respekts und der Freiheit gegenübertreten sollen. [...]

Die Päpste des 20. Jahrhunderts haben sich bemüht, zu Demokratie und Menschenrechten ein der Kirche wesensgemäßes, d. h. ein theologisches Verhältnis zu entwickeln. Die Arbeiten bedeutender katholischer Theologen und Laien wurden jetzt vom Amt aufgenommen und in offizielle Verlautbarungen der Kirche eingeflochten. Das wohl eindrucksvollste Dokument dieser Rezeption war die Enzyklika „Pacem in terris" Johannes' XXIII., die man mit Recht als kirchliche Magna Charta der

Menschenrechte bezeichnet hat (1963). Von hier führt der Weg mit innerer Konsequenz zu einer Öffnung, wie sie sich vor allem im Pontifikat Pauls VI. vollzogen hat, zur aktiven Beteiligung des Vatikans an den in den Siebzigerjahren sich immer mehr internationalisierenden Menschenrechtsbewegungen, zur Mitarbeit an der KSZE, zur Zusammenarbeit mit dem Weltkirchenrat in den Fragen der Menschenrechte und zu einer kaum zählbaren Fülle von Verlautbarungen der Päpste, der nationalen Bischofskonferenzen und der Laiengremien, besonders in Europa, zu diesem Thema. [...]

Der Vorstoß in die neue, nachrevolutionäre Freiheit war kein gebahnter Weg. Er musste oft unter persönlichen Risiken gewagt, mit Missverständnissen, Verleumdung, Verfemung bezahlt werden. Erfahrungen mit der Freiheit standen vielfach noch aus. Freien Initiativen fehlte nicht selten die positive Resonanz in der Kirche. Der Einzelne musste mühsam seinen Weg im Ungewissen suchen. Der Geist ängstlicher Defensive verzögerte und hemmte vieles. Es war ein langer Weg bis zu einer Ekklesiologie, die in ihrer Systematik sowohl den unveräußerlichen Kern des Amtes wie auch die wechselnden geschichtlichen Formen der Verkündung und Realisierung der Heilsbotschaft in Welt und Gesellschaft im Auge behielt. Man war im 19. Jahrhundert noch weit von jener Differenzierung entfernt, die das Zweite Vaticanum in seiner „Pastoralkonstitution über die Kirche in der Welt von heute“ mit den Stichworten „Handeln als Kirche“ (im Namen der Kirche) und „Handeln innerhalb der Kirche“ (aber nicht im Namen der Kirche) angedeutet hat. Nur langsam und zögernd akzeptierte das kirchliche Lehramt die aus der Entzweiung von Staat und Gesellschaft folgende Tatsache, dass das Politische im Verfassungsstaat der freien

Initiative der Christen anheimgegeben war, dass dabei verschiedene, oft auch innerkirchlich kontroverse Wege gegangen werden konnten und mussten und dass das kirchliche Amt nicht mehr, wie in Zeiten einer nach innen geschlossenen christlichen Gesellschaft, die Gesamtverantwortung für das politische und soziale Handeln der Gläubigen übernehmen konnte.

Aus Hans Maier: Menschenrechte. Eine Einführung in ihr Verständnis. 2015. topos taschenbuch 887, Seiten 45–52 (gekürzt).

Gerhard Hartmann: Gedanken zum Verhältnis zwischen Staat und Kirche

Die Kirchenfinanzen hängen im deutschen Sprachraum eng mit dem Verhältnis zwischen Staat und Kirche zusammen. Das hat seinen Grund auch darin, daß es bei uns über Jahrhunderte hinweg eine Identität zwischen Kirche, Staat und Gesellschaft gegeben hat, die sich erst ab der zweiten Hälfte des 18. Jahrhunderts aufzulösen begann. Damit endete aber nicht die Beziehung zwischen diesen beiden Bereichen. In den Verfassungsüberlegungen des Revolutionsjahres 1848 und in den nachfolgenden Verfassungen waren die Religionsfreiheit und die Kirchen immer ein wichtiges Thema.

Das wurde auch in den neuen Verfassungen, die nach dem Ersten Weltkrieg infolge des Untergangs der monarchischen Staatsform notwendig waren, fortgeführt. So kam es in

Deutschland und Österreich zu keiner vollständigen Trennung von Staat und Kirche wie in Frankreich oder in den USA, sondern man blieb in vielen Bereichen in enger Kooperation. Das wundert nicht, denn 1932 – ein Jahr vor der Machtübernahme Adolf Hitlers – machten in Deutschland die beiden Großkirchen zusammen 96,5 Prozent der Bevölkerung aus (64,1 Prozent Protestanten, 32,4 Prozent Katholiken). Die Konfessionslosen hatten lediglich einen Anteil von 1,8 Prozent. In Österreich waren damals 91,1 Prozent katholisch, 3,4 Prozent evangelisch und so wie in Deutschland 1,8 Prozent konfessionslos. Während in Deutschland der Anteil der Juden lediglich 0,9 Prozent betragen hatte, lag er in Österreich bei 3,2 Prozent, also deutlich höher, was ein Erbe der k. u. k. Monarchie war.

Deutschland und Österreich waren also fast geschlossene christliche Länder, und die beiden Großkirchen hatten in ihren jeweiligen Haupteinzugsgebieten den Charakter von flächendeckenden Volkskirchen. Das blieb für die erste Zeit nach 1945 auch so. Damals profitierten die Kirchen von ihrer Rolle im Nationalsozialismus. Sie waren die einzigen Großorganisationen, die sich dem totalitären Gleichschaltungsanspruch des NS-Regimes halbwegs widersetzen konnten. In den Westzonen bzw. in der Bundesrepublik Deutschland, aber auch in Österreich war die konfessionsstatistische Lage in den ersten Jahren nach 1945 also noch relativ stabil. Anfänglich gab es „nur" Gastarbeiter aus katholischen Ländern (Italien, Spanien, Kroaten aus Jugoslawien); die Arbeitsmigration aus der Türkei setzte erst später ein.

In den folgenden Jahren schwand jedoch bei beiden Großkirchen zunehmend der Charakter als flächendeckende Volkskirchen, auf jeden Fall bei der evangelischen Kirche zuerst im Gebiet der DDR. Das war vor allem die Folge der religionsfeindlichen Propaganda und Politik der kommunistischen Unrechtsdiktatur in der DDR, wogegen die evangelische Kirche nicht jene Resistenz aufbringen konnte wie z. B. die katholische Kirche in Polen, in Kroatien oder in der Slowakei. Aber nicht nur dieser Umstand führte zum Rückgang des Christentums in der DDR. Nicht unwesentlich daran schuld war zudem in den fünfziger Jahren die Haltung der evangelischen und auch der vergleichsweise kleinen katholischen Kirche zur sog. „Jugendweihe“. Sie bestimmten damals: Wer bei der „Jugendweihe“ mitmacht, kann nicht mehr zur Konfirmation bzw. zur Firmung gehen. Das erzeugte bei den Menschen ein nicht zu überbückendes Spannungsverhältnis, das dann zu Lasten der Kirchen ging.

So sind z. B. in Sachsen-Anhalt heute 82,6 Prozent der Bevölkerung keine Christen mehr. (Dieses Bundesland – Heimat von Martin Luther! – hat diesbezüglich den höchsten Prozentsatz.) Gegenwärtig haben in Deutschland beide Großkirchen zusammen einen Anteil von etwas über 58 Prozent, wobei die Katholiken leicht stärker sind. Zusammen mit anderen Kirchen machen die Christen rd. 60 Prozent aus. Der Anteil der Muslime beträgt rd. fünf Prozent, der Rest, ca. 35 Prozent, ist entweder konfessionslos oder gehört mit einem sehr geringen Prozentsatz anderen Religionsgemeinschaften an.

Der volkskirchliche Charakter beider Kirchen ist also stark erodiert. Der Anteil der Christen nimmt weiter stetig ab, wobei hier nicht nur die Kirchenaustritte die Ursache sind, sondern auch der demographische Wandel (mehr Sterbefälle als Geburten) und die Migrationsbewegungen. Nach einer Mitteilung des Statistischen Bundesamtes von Ende 2014 hat jede Fünfte, der in Deutschland lebt, einen sog. „Migrationshintergrund". Die allermeisten von diesen leben allerdings in Westdeutschland und Berlin. Somit kann man feststellen, daß neben dem mehr oder minder schleichend steigenden Trend der Kirchenaustritte, die der Säkularisierung geschuldet sind, vor allem zwei Faktoren für den Rückgang des Anteils des Christentums von über 90 auf 60 Prozent verantwortlich sind: die SED-Diktatur in Ostdeutschland und die Einwanderung bzw. der demographische Wandel in Westdeutschland.

Erstere hat aber eindeutig mehr Spuren hinterlassen, so daß Deutschland konfessionsstatistisch nach wie vor ein geteiltes Land ist und die Christen im Gebiet der ehemaligen DDR eine Minderheit darstellen. So haben wir die merkwürdige Situation, daß die staatskirchenrechtlichen Regelungen in Deutschland „gleichermaßen Mehrheits- und Minderheitenrecht" (Ansgar Hense) sind.

Zusätzlich haben wir es mit einer zunehmenden Bindungsunfreudigkeit und einem Trend zur Vereinzelung (Individualisierung) bzw. einem Drang zur Privatheit zu tun, was sich u. a. in den sinkenden Mitgliederzahlen von Parteien und von Vereinen jeglicher Art und im Anstieg der Single-Haushalte widerspiegelt (in Wien machen diese bereits fast die Hälfte aus!). So beklagte z. B. die SPD Nordrhein-Westfalens auf ihrem Parteitag Ende September 2014 einen dramatischen Mitgliederschwund. Diese Entwicklung setzte langsam nach dem Zweiten Weltkrieg ein und beschleunigte sich dann gegen Ende des 20. Jahrhunderts. Ob das ein unumkehrbarer Prozeß oder eine Talsohle in einer langfristigen Wellenbewegung ist, können wir zum jetzigen Zeitpunkt noch nicht beurteilen.

In diesem Zusammenhang ist auch eine sich ausbreitende „Umsonst"-Kultur zu bemerken, die u. a. zum einen von ausufernden Sozialstaatsangeboten, zum anderen von der freien Verfügbarkeit von Informationen im Internet gefördert wird. Diese Haltung spielt sicherlich beim „partiellen“ Kirchenaustritt ein Rolle. Wozu muß man bei der kirchensteuereinhebenden Körperschaft des öffentlichen Rechts Kirche Mitglied bleiben, wenn man das umsonst bei der Glaubensgemeinschaft Kirche haben kann? Eine solche Verhaltensweise führt aber zu einer Entsolidarisierung der Gesellschaft. Die solches tun, nehmen Dienstleistungen in Anspruch, ohne dafür etwas zu geben. Denn sie erwarten sich ja weiterhin, daß die Kirchen im Winter geheizt und beleuchtet sind, daß die Orgel funktioniert usw.

Im Zusammenhang mit den steigenden Kirchaustrittszahlen wird auch der Rückgang des kirchlichen Lebens beklagt und gelegentlich als Argument für eine notwendige Veränderung der staatskirchenrechtlichen Verhältnisse herangezogen. Vor allem wird das an meßbaren Vorgängen festgemacht, etwa am sonntäglichen Gottesdienstbesuch oder am Sakramentenempfang. Dabei übersieht man, daß an Wochenenden noch immer weit mehr Menschen in unaufgeregter Weise die Gottesdienste der christlichen Kirchen besuchen als die medial inszenierten Spiele der drei Fußball-Bundesligen. Diese (durchaus doppelsinnig gemeinten) Meßdaten berücksichtigen jedoch nur einen relativ kurzen Beobachtungszeitraum und nicht längerfristige historische Entwicklungen und Trends.

Bleiben wir z. B. bei der in der katholischen Kirche bestehenden Sonntagsmeßpflicht, deren Nichterfüllung bis vor nicht allzu langer Zeit als schwere Sünde sanktioniert wurde. Hat es jemals einen Zustand gegeben, wo die Menschen (fast) alle bzw. in einem erheblichen Ausmaß dieser Pflicht nachgekommen sind? Mitnichten. Sicher hatte das früher eher strukturelle

Gründe. Eine kleine Dorfkirche konnte nicht alle Einwohner zur Messe aufnehmen.

Kurz vor dem Ersten Weltkrieg veröffentlichte Heinrich Swoboda (1861–1923), der damalige Pastoraltheologe an der Wiener Katholisch-Theologischen Fakultät, das zu seiner Zeit (und teilweise heute noch) bahnbrechende Werk „Großstadtseelsorge". Er hat darin vorgerechnet, daß die in Wien vorhandenen Kirchen – Wien war damals fünftgrößte Stadt der Welt und zu ca. 80 Prozent katholisch – nur einen Bruchteil der Gläubigen am Sonntag aufnehmen konnten, wenn man maximal sechs Messen pro Kirche ansetzt. (Damals gab es noch keine Abend- oder Vorabendmessen, und die Priester durften nicht mehr als eine Messe am Tag „lesen".) Er hat daraus den Schluß gezogen, daß die Kirche daher den Nichtvollzug der Sonntagsmeßpflicht gar nicht unter die Strafe einer „schweren Sünde" stellen dürfe. In der Tat konnte schon aus diesem logistischen Grund natürlich nur ein weit unter der Hälfte liegender Prozentsatz in Wien dieser Pflicht nachkommen.

Auch wenn die Säkularisierungstendenzen nach dem Zweiten Weltkrieg nicht in Abrede gestellt werden dürfen, so war der in der historischen Rückschau als „glückhaft" wahrgenommene Zustand des kirchlichen Lebens vom Ende des 19. Jahrhunderts bis in die Jahre nach 1945 hinein eher eine Ausnahme. Er steht in Zusammenhang mit der Herausbildung eines katholischen Milieus im Gefolge der katholischen Romantik sowie mit dem Entstehen des katholischen Vereinswesens und des parteipolitischen Katholizismus (Zentrumspartei in Deutschland, Christlichsoziale in Österreich). Insofern ist bei der Beurteilung der nunmehrigen Situation auch ein wenig mehr Gelassenheit geboten, und wir dürfen dieses – kirchenhistorisch betrachtet – „Zwischenhoch“ nicht allzu sehr idealisieren und den jetzigen Zustand daran messen.

Das bezieht sich auch auf die „Glaubensintensität“. Häufig ist zu lesen, daß laut Umfragen Christen nicht nur immer weniger die Gottesdienste besuchen, sondern auch immer weniger „glauben“, etwa an die Auferstehung Jesu, ein Leben nach dem Tod usw. Auch das wird dann als Beweis für einen Rückzug bzw. ein „Verdunsten“ der Kirchlichkeit ins Treffen geführt. Auch hier wird ein längerfristiger historischer Vergleich ausgeblendet. Denn man darf sich nichts vormachen: Wenn man erheben könnte, was tatsächlich in früheren Zeiten (Stichwort „finsteres Mittelalter“) substantiell geglaubt wurde, wäre das Ergebnis im Vergleich zu heute verblüffend. Man wird wahrscheinlich feststellen, daß es heute gar nicht so schlecht um den Glauben bestellt ist. Allerdings: Man darf sich deswegen trotzdem nicht beruhigt zurücklehnen.

Es ist hier schon mehrfach angeklungen, daß im historischen Rückblick das Christentum und seine Kirchen der kulturellen Entwicklung in Europa (Stichwort „christliches Abendland“) einen unschätzbaren Dienst erwiesen haben. Daß wir kulturell, geistig und ökonomisch diesen Stand haben, daran hat das Christentum bzw. haben Christen einen wesentlichen Anteil. Vor allem waren es ihre Werthaltungen, die im Laufe der Jahrhunderte unser Gemeinwesen aus einer „rohen“ in eine „zivilisierte“ Gesellschaft transformiert haben. In diesem Zusammenhang sei auch daran erinnert, daß die Urbegründung der Menschenwürde bzw. der Menschenrechte in der Schöpfungsgeschichte begründet liegt: „Gott schuf also den Menschen als sein Abbild“ (Gen 1,27). Man wird aber den Eindruck nicht los, daß die gegenwärtigen, daraus nutznießenden

Generationen diesen Umstand nicht mehr präsent haben und nicht würdigen.

Nun wird aus all diesen Gründen gelegentlich die Frage gestellt, ob das jetzige staatskirchenrechtliche System, das auf eine lange Tradition fußt und in Deutschland 1919 bzw. 1949 sowie in Österreich 1867 bzw. 1920 verfassungsrechtlich definiert wurde, den nunmehrigen Gegebenheiten noch gerecht wird bzw. werden kann. Doch im Rückblick hat sich die damals gefundene Lösung „als überaus intelligent erwiesen. Denn sie verbindet Kontinuität mit der Fähigkeit, sich an veränderte soziale und normative Verhältnisse anzupassen“ (Hans Michael Heinig).

Man vergißt auch den eigentlichen Grund für die rechtlichen Regelungen des Verhältnisses zwischen Kirche und Staat, den der bekannte ehemalige deutsche Verfassungsrichter Udo Di Fabio auf den Punkt bringt: „Der freiheitliche Verfassungsstaat richtet seinen Blick mit wohlwollender Neutralität auf Religionsgemeinschaften und Kirchen, auf Glauben und Bekenntnis. Der Verfassungsstaat ist sich der Grenzen seiner Wirksamkeit bewußt, gerade im Hinblick auf die Grundlagen der freiheitlichen Gesellschaft, die er nur eingeschränkt zu fördern vermag. [...] Die deutsche Verfassung ist den Gemeinschaften zugewandt, in denen sie konstruktive und konstituierende Kräfte auch und gerade der individualisierten Gesellschaft sieht. [...] Das Grundgesetz ist für unser Land die beste Richtschnur für die Ko-Evolution von Säkularität und Transzendenz, aber auch für die Integration unterschiedlicher Religionen und Weltauffassungen.“ Di Fabio führt damit die Aussage des bekannten Verfassungsrechtlers Ernst-Wolfgang Böckenförde fort: „Der freiheitliche, säkulare Staat lebt von Voraussetzungen, die er selbst nicht garantieren kann.“

Aus verfassungsrechtlicher Perspektive ist daher die vorhin gestellte Frage unerheblich, denn die Grundrechte der Religionsfreiheit, der Meinungsfreiheit, der Vereinigungsfreiheit u. a. haben ihren Bestand unabhängig davon, wie viele Menschen sich zu einer Religion bekennen, wie viele ihre Meinung äußern oder wie viele Vereine es gibt. Es werden durch die stetig sinkende Wahlbeteiligung, die übrigens gewisse Parallelen zur Konfessionsstruktur aufweist, deswegen die Verfassungsorgane bzw. die sie tragenden Parteien auch nicht delegitimiert.

Trotz all dieser Entwicklungen hat also das derzeitige staatskirchenrechtliche System nicht ausgedient. Denn der moderne Verfassungsstaat hat die Verpflichtung, seine Bürger in der Wahrnehmung ihrer legitimen Rechte, wozu auch die freie Religionsausübung nach Art, 4 Grundgesetz bzw. Art. 14 des österreichischen Staatsgrundgesetz gehört, zu unterstützen bzw. zu fördern. Darin liegt der eigentliche Urgrund für die verschiedenen Formen der Religionsförderung, angefangen von der Kirchensteuer, den Staatsleistungen im weiteren und negativen Sinn bis hin zum Religionsunterricht, den Theologischen Fakultäten usw. Diese Religionsförderungen des Staates beziehen sich zum einen auf organisatorisch-rechtliche Maßnahmen („Bereitstellungsfunktion des Rechts“, Ansgar Hense) und zum anderen auf finanzielle Leistungen der unterschiedlichen Art.

Der Staat muß lediglich die Neutralität beachten. Er ist also hinsichtlich der freien Religionsausübung nicht nur Gewährer und Garantierer, sondern auch Förderer. Er steht gewissermaßen auf dem Boden einer „wohlwollenden“ (Udo Di Fabio) oder „positiven“ (Matthias Pulte) Neutralität. In einem solchen System ist Religion nicht zur Gänze Privatsache, weil die öffentlich-rechtliche Ordnung einen diesbezüglichen Rahmen aufstellt bzw. sogar aufstellen muß! Die Bestimmungen der Weimarer Reichsverfassung, die in das Grundgesetz übernommen wurden, und des österreichischen Staatsgrundgesetzes sowie ihre jeweiligen einfachen Folgegesetze, die die Religion und die Kirchen betreffen, zeigen insgesamt eine hohe Flexibilität.

Einschneidende staatskirchenrechtliche Veränderungen gab es im historischen Rückblick immer anläßlich großer Umbrüche. Etwa am Ende der Antike (Konstantinische Wende), uns betreffend bei der Staatswerdung unter den Karolingern im 8. bis 10. Jahrhundert, im 16. Jahrhundert (Reformation), um 1800 (Aufklärung, Napoleonische Kriege, Beginn des Konstitutionalismus) und beim Übergang der Monarchien in die Republik (nach dem Ersten Weltkrieg). Derartige gewichtige Umbrüche sind derzeit nicht in Sicht, und selbst bedeutende Zäsuren wie das Ende des Zweiten Weltkriegs bzw. der Nazi-Zeit oder die Wende von 1989/90 brachten lediglich eine korrigierende Fortschreibung der staatskirchenrechtlichen Bestimmungen von 1919. Und diese sind „prinzipiell offen für neue und unserem Kulturkreis fremde religiöse Gruppierungen" (Hans Michael Heinig).

Das erweist sich gerade gegenwärtig bei den Versuchen, die Angehörigen des Islam bzw. den Islam als Religionsgesellschaft in dieses System zu integrieren. Damit leistet das geltende Staatskirchenrecht auch einen wesentlichen Beitrag zur Integration. Doch es zeigen sich hier paradoxe Situationen. In Berlin hat 2010 ein islamischer Schüler vor dem dortigen Verwaltungsgericht das Recht erwirkt, daß ihm in der Schule zum Zweck der ungehinderten Religionsausübung ein Raum für das tägliche Gebet zur Verfügung gestellt wird. Hingegen verlangen militante Minderheiten, daß in überwiegend christlich bzw. katholisch geprägten Gegenden Kreuze aus Schulen und Gerichtssälen entfernt werden.

Für die christlichen Kirchen, die ihre dominante „Über-90-Prozent-Stellung" aus den erwähnten verschiedenen Gründen abgegeben haben, ist das eine neue Situation. Sie haben gewissermaßen Mitkonkurrenten bekommen, und eine in ihrer Identität unsichere und demographisch abnehmende Mehrheitsgesellschaft fühlt sich durch den zuwandernden Islam herausgefordert. Beide Kirchen können diese Entwicklung aber auch als eine Chance verstehen, ihre eigene Position zu überprüfen und ihren Platz in der Gesellschaft neu zu definieren sowie offensiv darzulegen. Dieser Umbruchsituation können sie sich nicht entziehen, und sie werden sich fragen müssen, wie sie künftig im öffentlichen und damit staatlichen Raum wahrgenommen werden wollen. Wie gelingt es ihnen, in der Breite der Gesellschaft akzeptiert und angenommen zu werden?

Auch wenn das Staatskirchenrecht als Instrument der Förderung der garantierten freien Religionsausübung unabhängig davon besteht, wie viele Menschen welcher Religion angehören, dürfen sich die Kirchen nicht darauf ausruhen und müssen daher immer wieder offensiv erklären, warum es sie gibt und welche Leistungen sie für das gesellschaftliche Miteinander in ihrer langen Geschichte erbracht haben und gegenwärtig sowie künftig weiter erbringen.

Gerhard Hartmann, in: Gerhard Hartmann / Jürgen Holtkamp: Die Kirche und das liebe Geld. Fakten und Hintergründe. 2015. topos premium, Seite 270–278.

Anselm Grün: Bilder des Glaubens

Das Christentum liebt aber nicht nur das Wort, sondern auch die Bilder, die uns die Bibel und die Liturgie vor Augen führen. Bilder öffnen die Türen zu Gott. Sie schließen unser Herz für Gott auf. Bilder berühren unsere Gefühle. Und sie reichen bis in unser Unbewusstes hinein. Bilder öffnen also unser Unbewusstes für Gott. So kann Gott alles in uns durchdringen. Und Bilder haben eine heilende Wirkung auf uns.

Das Christentum hat seinen Glauben immer in Bildern ausgedrückt. Jesus selbst spricht in Bildern zu uns. Im Bild erkennen wir, wer wir eigentlich sind. Jeder Mensch trägt innere Bilder mit sich. Von den Bildern hängt ab, wie er sich fühlt. Kranke Menschen haben oft negative Selbstbilder in sich. Je länger wir negative Bilder in uns eindringen lassen, desto kränker werden wir. Die Bilder, die Jesus uns in seinen Gleichnissen vor Augen hält, haben eine heilende Wirkung. Sie zeigen uns, wer wir in Wirklichkeit sind. In immer neuen Bildern sagt uns Jesus in den Gleichnissen zu, dass Gott in uns wohnt und Gott unsere Wirklichkeit mit seinem Licht und seiner Liebe durchdringt.

Die Bilder der Bibel wollen sich in uns „ein-bilden", um unseren Leib und unsere Seele, unser Bewusstes und Unbewusstes zu durchdringen und uns mit dem Heil Gottes zu erfüllen. Heute wird der Mensch mit vielen negativen Bildern von außen konfrontiert – nicht nur mit den Bildern der Gewalt, sondern auch mit unrealistischen Bildern eines übertriebenen Schönheitskults oder maßloser Erwartungen an sich und an die anderen. Solche Bilder wirken destruktiv auf die Menschen.

Sie geben ihnen das Gefühl, dass sie minderwertig sind, weil sie diesen Idealen nicht entsprechen. Bilder der Gewalt dagegen setzen sich in der Seele fest und lassen die Angst in ihr ansteigen.

Aus Anselm Grün: Der Glaube der Christen. 2015. topos premium, Seite 125–126.

Würfelt Gott? Ein Hymnus auf den kosmischen Christus:

Im Frühjahr 2021 erreicht eine Raummission mit sieben Astronautinnen und Astronauten den Planeten Saturn. Fünf von ihnen landen mit einem Sonderraumschiff auf dem Saturn-Planeten Titan. Zweit von ihnen, ein niederländischer Physiker und ein deutscher protestantischer Theologe, verbleiben auf dem Mutterschiff und umkreisen den Saturn. Zwischen ihnen beginnt ein Dialog über „Gott und die Welt". Der Theologe führt ein Tagebuch.

Das heutige Gespräch hallt in mir nach: Welch ein ungeheurer Gedanke, dass der ganze Kosmos vom Sterben und Leben des Christus zeugt! Die Erinnerung an einen frühchristlichen Hymnus taucht in mir auf. Der Gottessohn wird hier mit den Farben der jüdischen „Weisheit", der *Sophia*, gezeichnet, die das Schöpfungswerk Gottes vom Uranfang an begleitete. Ich lade mir den Text von meiner treuen elektronischen Bibliothek auf das Display. Die erste Strophe lautet:

Er ist das Bild des unsichtbaren Gottes,
der Erstgeborene der ganzen Schöpfung,
denn in ihm wurde alles erschaffen
in den Himmeln wie auf Erden,
Sichtbares und Unsichtbares,
Throne und Herrschaften,
Mächte und Gewalten;
alles ist durch ihn und auf ihn hin geschaffen.
Und er ist vor allem
und alles hat in ihm Bestand.
Er ist das Haupt des Leibes, der Kirche.

Erscheint der Christus als „Bild Gottes", so tun sich zwei große Fenster auf. Das eine: Der erhabene Gott, der Schöpfer dieses großen Weltalls, hat sein Herz in der Gestalt des Christus offenbart. Genauer: im *Weg* Jesu, der aus Liebe zu den Menschen bis in den Tod gegangen ist. Was Gott in seinem eigenen Wesen ist, könnten wir nicht wahrnehmen, wäre es nicht bildhaft manifestiert im Leben und Sterben Jesu. Das andere: Die gesamte Schöpfung hat teil an diesem Bild, zu dem der Schöpfergott den Christus gemacht hat. Der Strahl der Liebe, der vom unsichtbaren Gott zum sichtbaren Christus reicht, gelangt bis tief in die Weiten des Kosmos hinein. Alles ist durchdrungen und getragen vom göttlichen Christus – die himmlischen Reiche der Engel wie die irdischen Reiche der Menschen mit ihren widerspenstigen Machthabern. Alles, selbst das Gottfernste, spiegelt auf seine Weise die in Christus offenbare Güte des Schöpfergottes.

Griechische Seher und Philosophen sprachen bewundernd vom kosmischen Logos als dem Himmelsgott Zeus, dessen Leib das ganze All bildet – „Zeus ist der Erste und Zeus ist der Letzte, [...] Zeus ist Haupt, Zeus ist Mitte, aus Zeus ist alles geschaffen ...". Die Christen legten dem Allgott den Namen von Jesus Christus bei. Wenn der Hymnensänger den Christus bedeutungsvoll als Haupt bezeichnet, der die Kirche zu seinem Leib hat, spielt er mit dem pantheistischen Gottesglauben der Philosophen. Indem der Gottessohn den ganzen Kosmos durchdringt, macht er diesen zu seinem eigenen lebendigen Leib. Alle Geschöpfe sind dazu geschaffen und bestimmt, auf ihre Weise Gott, den Schöpfer, zu preisen und zu verherrlichen – nicht nur die Menschen der ganzen Erde, sondern auch Engel und Sterne, Elemente, Pflanzen und Tiere. Sie alle einen sich zu *einer* großen kosmischen Gemeinschaft, zur Kirche.

Mein Blick verliert sich in den nachtschwarzen Tiefen des Alls, die sich mir im Bordfenster auftun. Myriaden von fernen Sternen gleißen und funkeln. Ihr Licht bringt uns zwar die Botschaft von unvorstellbaren Räumen und Zeiten. Vom göttlichen Schöpfer und seiner abgrundtiefen Liebe weiß es uns modernen Menschen aber nichts mehr zu künden. Es atmet Kälte und Einsamkeit. Erst wenn ein anderes Licht aufstrahlt, wird das Licht unseres Weltalls warm und empfangend. Fällt das Licht des lebendigen Christus in das Universum, spiegelt dieses tausendfach sein Licht zurück.

Die wundervolle Vision von einem im Leben Christi pulsierenden Universum ergreift mich. Gewiss, der Hymnensänger wusste nichts von den mächtigen Räumen, an deren Küste wir hier draußen im System Saturns zelten. In seiner Zeit aber war er kein rückständiger Bauerndichter, sondern ein souveräner Kenner der avancierten philosophischen Kosmologien. Er versteht sich auf das raffinierte Spiel der Präpositionen – „in ihm, durch ihn, auf ihn hin" –, mit denen die damaligen Meta-Physiker die

Struktur des Kosmos zu umschreiben suchten. Für seine Zeit hat er es meisterhaft verstanden, das Universum im Licht des Christus als Schöpfung zu begreifen. Sein Vermächtnis ruft auch heute wieder nach Aneignung, so ungleich schwerer die Aufgabe im Zeichen der neuzeitlichen Wissenschaften geworden ist.

Der eiskalte Planet Saturn tritt wieder in mein Sichtfeld ein, vor dessen riesiger Kugel gerade die beiden Monde Rhea und Dione lautlos und zeitlupenartig vorbeischweben. Sie kreisen gleichförmig in wenigen Tagen um ihren Mutterplaneten, wie seit Milliarden von Jahren. Beide Monde sind in einen dicken Panzer von Eis gehüllt. Meine fesselnde Vision vom kosmischen Christus verflüchtigt sich angesichts dieser titanischen Todeswelt. Ich kehre ernüchtert zu jenem Text zurück, der mich in lichte Höhen empor geleitet hat. Der Hymnus lässt seine zweite Strophe erklingen:

Er ist der Ursprung,
der Erstgeborene von den Toten,
damit er in allem der Erste sei.
Denn es gefiel der ganzen Fülle, in ihm zu wohnen,
und durch ihn alles auf ihn hin zu versöhnen,
Frieden schaffend durch das Blut seines Kreuzes,
auf Erden wie in den Himmeln.

Was vorher nicht im Blickfeld war – Streit und Krieg, Leiden und Tod, Blut und Kreuz –, dominiert jetzt das Bild. In der ersten Strophe spiegelt der Kosmos in jedem seiner Partikel die göttliche Herrlichkeit des Christus. Da waltet eine himmlische Perspektive; der Sänger schaut mit Engelsaugen in eine Welt, die zeitlos in Gott zu ruhen scheint. Die zweite Strophe aber lenkt den Blick auf ein blutiges Drama in den Tiefen der Erde, auf Karfreitag und Ostern! Der Kosmos ist nicht mehr von Harmonien und Symmetrien durchwaltet, sondern wird von Katastrophen und Erschütterungen heimgesucht. Alles dreht sich jetzt um das vereinzelte Geschehen auf einem entlegenen Planeten, eine Episode im langen Verlauf der Erdgeschichte. Jesus stirbt und wird wieder zum Leben erweckt, um das in sich zerrissene All zu versöhnen. In der ersten Strophe wird die kosmische Ewigkeit zelebriert, hier in der zweiten eine dramatische irdische Geschichte erzählt, die schließlich den gesamten Kosmos erfasst.

Welch ein gewaltiges Diptychon! Schaut man beide Bilder *in eins*, gewissermaßen simultan, so wird der leidende und auferstehende Christus zum zentralen Muster, das aller Schöpfung innewohnt. Der Gottessohn ginge dann nicht nur ein einziges Mal in die Tiefe der irdischen Welt ein, sondern wäre immer neu in Leiden und Auferstehen begriffen. An jeder Auflösung, an jedem Sterben hätte er Anteil, und er stünde am Ursprung allen neuen Werdens. Seine Geschichte umgreift die zahllosen Geschichten, die hinter der Bildung von Ordnungen und Strukturen stehen. Was die Jesusgeschichte als einmaliges Ereignis erzählt, wäre ein Geschehen, das den Kosmos immer neu bewegt. Und *zugleich* deutet diese Geschichte voraus auf eine Fülle von Leben, die die Schöpfung dereinst ganz durchdringen und verwandeln wird. So ist Jesus Christus der Prototyp sowohl des gegenwärtigen *wie* des kommenden Äons: „Ich bin das Alpha und das Omega, der Erste und der Letzte, der Anfang und das Ende."

Der Ausblick aus meiner Kabine lässt mich den gewaltigen Dimensionen nachspüren, die der Schöpfer aufgespannt hat. In meinen Gedanken habe ich mich ebenso weit vom Palästina der Zeitenwende wegbewegt, wie wir die Erde hinter uns gelassen haben. Die unvorstellbaren Maße der Räume und Zeiten des Universums haben den Boden unter meinen Füßen hinweggefegt. Wie armselig wirken hier die Erzählungen von Galiläa und Jerusalem – und wie sehr drängt es mich doch, dort wieder Fuß zu fassen. Meine Seele gleicht einem Baum: Seine Krone spannt sich aus in weite Räume, seine Wurzeln aber suchen festen Halt im Erdreich.

Bei aller Begeisterung für die kosmischen Dimensionen des gekreuzigten und auferstandenen Christus kann ich es nicht vergessen: Das Kreuz war ein Galgen und ein Folterwerkzeug, das einem verlassenen und schwachen Menschen das Leben raubte. Diese Erinnerung schützt mich davor, Jesu Leidensweg in den Turbulenzen physikalischer Prozesse aufgehen zu lassen. Seine Geschichte wirft Licht auf die ruhelosen Bewegungen des Alls, aber sie verblasst nicht zu einer zeitlosen kosmologischen Symbolik. Universale Ausblicke bleiben Perspektiven, die sich auf den Stationen eines irdischen Wegs auftun. In diesem Fall ist es die einmalige Geschichte Jesu, an der ich teilnehmen kann und die mir einen Blick auf das Geheimnis der Schöpfung freigibt. Die Naturwissenschaften pflegen ein anderes Verständnis von Erkenntnis. Man braucht hier keine Geschichten zu erzählen, um der Wahrheit zu begegnen. Die mathematischen Formeln gelten unabhängig von Zeit und Ort. Ob ich es wohl verständlich machen kann, warum sich mein alter Hymnus nicht mit der ersten Strophe begnügen kann?

Aus Arnold Benz / Samuel Vollenweider: Würfelt Gott? Was Physik und Theologie einander zu sagen haben. 2015. topos premium, Seite 41–45.

Herbert Vorgrimler: Jesus, der Sohn des Vaters

Der Mensch Jesus, gläubiger Jude, hat sich in betonter und exklusiver Weise als Sohn des göttlichen Vaters gewusst. Aber die christliche Glaubenstradition hat, um seine göttliche Qualität zu betonen, mit Vorrang davon gesprochen, dass er der Sohn Gottes von Ewigkeit her sei. Diese Überlieferung nährt sich aus den Schriften des Neuen Testaments, die sich in sehr verschiedener Sichtweise Jesus zuwenden. Nicht immer wird diese Verschiedenheit respektiert, wenn Christen den Sohn Gottes von Ewigkeit her verteidigen. Nicht selten werden die Texte recht willkürlich zueinander gefügt, ohne ihre jeweilige Eigenart, die unterschiedlichen Interessen und Absichten der Verfasser zu berücksichtigen.

Eine erste Beobachtung kann als Beispiel dienen. Als Erben des abendländischen Denkens unterscheiden wir zwischen einer *Möglichkeit* und ihrer *Verwirklichung*. So denkt unsere Tradition auch von Gott. Auch bei ihm bestehe ein Unterschied zwischen dem, was er will, und dem, was er „dann", später tut. Im alten jüdischen Denken war es anders. Wenn Gott die Absicht hat, eine bestimmte Möglichkeit zu verwirklichen, dann ist diese Möglichkeit in ihm selber, bei Gott, bereits verwirklicht, bevor sie auf Erden verwirklicht wird.

So dachten gläubige Juden, das Paradies habe bereits bei Gott existiert, bevor er es auf Erden als Garten für das erste Menschenpaar anlegte. Oder man nahm an, die Gebote Gottes oder der Himmelsthron Gottes seien, bevor es den Himmel, bevor es Menschen gab, bei Gott ausgedacht und sogleich verwirklicht worden. Für eine bestimmte Richtung jüdischer Gläubigkeit bereitete es daher keine Schwierigkeit anzunehmen, dass Gott den Menschen Jesus von Nazaret bei sich bereits ins Leben rief, ehe Jesus in Maria Menschengestalt annahm. Das berühmteste Beispiel, wie man eine vorgeburtliche Existenz Jesu denken konnte, stellt der „Christushymnus" dar, den Paulus in seinen Brief an die Gemeinde von Philippi einfügte:

„Diese Gesinnung hegt in euch, die auch in Christus Jesus war, der, als er in Gottes Gestalt war, es nicht für einen Raub hielt, wie Gott zu sein, sondern sich selbst entäußerte, indem er Knechtsgestalt annahm und den Menschen ähnlich wurde, und der Erscheinung nach wie ein Mensch erfunden." (Philipper 2,5–7)

Wird in erster Linie darauf geachtet, *was* der Text sagen will, damals und heute, dann ist es die Mahnung an die Christen, die Gesinnung Jesu zu haben, der nicht gekommen war, um zu herrschen, sondern um zu dienen. Die Mahnung verdeutlicht Paulus, indem er den Wortlaut des alten Hymnus heranzieht, dem mehr an der Göttlichkeit Jesu als an der Menschwerdung Gottes in Jesus gelegen war: Die „Gottesgestalt" habe er abgelegt und „der Erscheinung nach" wurde er „den Menschen ähnlich". Die Aussage dieses Hymnus darf dahingehend verstanden werden, dass Jesus in den Gedanken Gottes von Ewigkeit her gegenwärtig war. Dass der konkrete Mensch Jesus sein Dasein in Maria empfing, will der Hymnus gewiss nicht bestreiten. Für die Zeugung eines Gottessohnes durch den göttlichen Vater vor aller Zeit kann der Text nicht in Anspruch genommen werden.

Was sagen die neutestamentlichen Zeugnisse genauer über das Verhältnis Jesu zu dem heiligen göttlichen Geheimnis, das der Glaube als seinen und unseren Vater bekennt? Ein entscheidendes Gottesbekenntnis Jesu findet sich in seiner Antwort an den Schriftgelehrten, der ihn nach dem ersten Gebot unter allen fragte. Jesus zitierte das „Schema Israel", das Glaubensbekenntnis Israels. Jüdische Frauen und Männer, die dem Bundesgott treu sind, halten das Gottesbekenntnis und die damit verbundenen Weisungen des Mose bis heute gewissenhaft ein:

„Höre, Israel, der Herr, unser Gott, ist ein einziger. Und du sollst den Herrn, deinen Gott, lieben von ganzem Herzen, von ganzer Seele und mit aller deiner Kraft. Und diese Worte, die ich dir heute gebiete, sollen dir ins Herz geschrieben sein, und du sollst sie deinen Kindern einschärfen und sollst davon reden, wenn du in deinem Haus sitzest und wenn du auf dem Wege gehst, wenn du dich niederlegst und wenn du aufstehst. Du sollst sie zum Denkzeichen auf deine Hand binden und sie als Merkzeichen auf der Stirn tragen, und du sollst sie auf die Türpfosten deines Hauses schreiben und an deine Tore." (Deuteronomium 6,4–9)

Dieses Gottesbekenntnis zu dem einen und einzigen Gott trug Jesus als das erste Gebot, verbunden mit dem zweiten, das ihm gleich sei, den Nächsten wie sich selbst zu lieben (Levitikus 19,18), dem Schriftgelehrten vor (Markus 12,29). Es bildete sein Credo. Es sollte Maßstab sein für alle Glaubensbekenntnisse derer, die sich auf Jesus berufen und ihm nachfolgen: Unser Gott ist *einer* (nicht mehrere) und er ist *der einzige* Gott (sodass keine anderen Gottheiten mit ihm konkurrieren).

Wenn der Glaube und die Theologie der Christen über die biblischen und nachbiblischen Zeugnisse des dreieinigen Gottes nachdenken, müsste das Gottesbekenntnis Jesu zur Einheit und Einzigkeit seines Gottes mit erstrangigem Respekt vor Augen stehen und für alle weiteren Ausführungen als unabdingbares Korrektiv gelten. Oder dürften Christen anders glauben als Jesus?

Nach dieser doch sehr wichtigen Feststellung sollen nun in der Reihenfolge der neutestamentlichen Schriften einige grundlegende Zeugnisse angeführt werden, die den Menschen Jesus von Nazaret in seinem Verhältnis zu Gott dem Vater zeigen.

Berühmt ist der sogenannte Jubelruf Jesu bei Matthäus: „Alles ist mir von meinem Vater übergeben worden, und niemand erkennt den Sohn als nur der Vater, und den Vater erkennt niemand als nur der Sohn und wem es der Sohn offenbaren will." (Matthäus 11,27) Die Worte ehren zuerst den Vater, der Jesus gesandt und bevollmächtigt hat, und sie bezeugen das einzigartige Sohnesbewusstsein Jesu. Aber zugleich sind diese Worte auch ein Hinweis auf die tragische und leidvolle Distanz der Christengemeinde zur jüdischen Glaubensgemeinschaft, eine Distanz, an der Matthäus besonders gelegen war. Hat etwa der Vater sich Israel nicht geoffenbart? Zu dem vergleichbaren Wort Jesu bei Johannes, niemand komme zum Vater als durch ihn, Jesus (Johannes 14,6), sagte der jüdische Religionsphilosoph Franz Rosenzweig: niemand außer denen, die immer schon beim Vater waren, die gläubigen Kinder Israels.

Nach Matthäus 24,36 weiß niemand etwas über den Tag und die Stunde, da alle Menschheitsgeschichte endet, außer dem Vater allein. Nach Markus 14,36 betete Jesus: „Abba, mein Vater, alles ist dir möglich." Nach Lukas 2,49 sagte schon der Knabe Jesus, als er im Jerusalemer Tempel zurückgeblieben war, er müsse in dem sein, was seines Vaters ist. Im gleichen Evangelium bittet Jesus am Kreuz: „Vater, vergib ihnen" (23,34), und im Augenblick des Todes legt er sein Leben in die Hände seines Vaters (23,46).

Das in verhältnismäßig später Zeit nach Jesus niedergeschriebene Johannesevangelium war sehr daran interessiert, die Göttlichkeit Jesu, seine Einheit mit dem Vater, festzuhalten. Umso bemerkenswerter sind eingestreute Zeugnisse wie die Formulierung: „Der Sohn kann nichts von sich aus tun, er sehe denn den Vater etwas tun" (5,19). Und es heißt weiter: „Ich suche nicht meinen Willen, sondern den des Vaters" (5,30), oder: „Ich lebe um des Vaters willen" (6,57). Bemerkenswert ist, wie Jesus in der Erzählung von der Auferweckung des Lazarus (Johannes 11,1–45) den Vater um Erhörung seines Betens bittet. Eine Art Schlüsselwort zur Erklärung des Verhältnisses Jesu zum göttlichen Vater findet sich in Johannes 14,28: „Der Vater ist größer als ich." Ob das wohl in das Bewusstsein und in die Gebetssprache heutiger Christen eingegangen ist?

Ein weiteres spätes Zeugnis über den Sohn Gottes enthält der Brief an die Hebräer: „Er hat in den Tagen seines Fleisches Gebete und flehentliche Bitten mit starkem Geschrei und Tränen vor den gebracht, der ihn vom Tod erretten konnte, und er ist erhört worden aus seiner Angst und hat, wiewohl er der Sohn war, an dem, was er litt, den Gehorsam gelernt." (Hebräer 5,7 und 8)

Schließlich sei noch der bekannte Text aus dem ersten Korintherbrief des Apostels Paulus genannt, in dem er von der Vollendung am Ende aller Tage spricht (15,24.28). Von Jesus heißt es da, er werde am Ende das Reich Gott dem Vater übergeben. Nachdem Jesus alle Feinde einschließlich des Todes unterworfen habe, werde das Ende allen Glaubens und allen

Kämpfens dieses sein: „Wenn ihm [Jesus] aber alles unterworfen sein wird, dann wird auch der Sohn selbst sich dem unterwerfen, der ihm alles unterworfen hat, damit Gott alles in allem sei."

Alle angeführten Texte zeigen, dass Jesus nach der Überzeugung der ersten Glaubenszeugen auf gar keinen Fall mit Gott dem Vater gleichzusetzen ist. Wie immer es um seine von Gott stammende Sendungsautorität bestellt sein mag, wie hoch seine göttliche Qualität auch einzuschätzen ist: Er ist „nur" der Sohn, Gott dem Vater nachgeordnet, er hat sich ihm bewusst untergeordnet. So wie uns begegnet auch ihm, Jesus, der Wille des Vaters als etwas Unbegreifliches, dem er sich beugt, aber nicht unbeschwerten und frohen Herzens, sondern um den Preis von Blut, Angst und Tränen. So einfach ist es nicht, gemeinsam mit Jesus zum Vater zu sagen: Dein Wille geschehe.

Sollten solche Überlegungen nicht auch Konsequenzen für das Beten christlicher Menschen haben? Gewiss ist für uns Jesus Christus der Mittler zum Vater schlechthin. Er ist des Vaters letztes und nicht mehr überbietbares Wort an die Menschen. Er ist unser Lehrer und unser guter Weggefährte. Er ist unser verlässlicher Bruder und Freund, derjenige, der einen zutiefst versteht, dem man alles sagen kann. So ist es ganz gewiss nicht verkehrt, sich betend an ihn zu wenden, sich von ihm immer wieder sagen zu lassen, was sein und unser Gott von uns erwartet. Über dieser engsten Jesusbeziehung sollte aber nicht vergessen werden, dass er das Geschenk *des Vaters* an uns war, dass er eben „nur" der Bote und Mittler sein wollte, dass er den Vater anbetend verehrte und seine Bitten an ihn richtete. Diesem Beispiel folgend sollten wenigstens in den gottesdienstlichen Versammlungen die Gebete der Gemeinde und ihrer Amtsträger an Gott den Vater gerichtet werden, an das unergründliche göttliche Geheimnis, dem alle Ehre in Ewigkeit gilt. So sagt es der große Lobpreis am Ende aller eucharistischen Hochgebete:

„Durch ihn und mit ihm und in ihm ist Dir, Gott, allmächtiger Vater, in der Einheit des Heiligen Geistes, alle Ehre und Herrlichkeit, jetzt und in Ewigkeit. Amen."

Aus Herbert Vorgrimler: Gott. Vater, Sohn und Heiliger Geist. Was Christen glauben. 2015. topos taschenbuch 1006. Seiten 40–45.

Hermann-Josef Frisch: Auf uns wartet das Leben. Was wir an Ostern feiern

Paulus und die anderen Autoren der neutestamentlichen Schriften gehen davon aus, dass die Auferweckung Jesu nicht allein eine Bestätigung des Lebens und der Botschaft Jesu darstellt, nicht allein sein Leben in eine neue Dimension ausweitet, sondern diesem Jesus von Nazaret eine neue Würde, einen neuen Stand zuweist. [...]

Aus diesem Glauben an Jesus Christus entsteht für die Menschen Hoffnung auch für ihren eigenen Weg, ein Ausblick über den Tod hinaus: „Wir wissen: Wenn unser irdisches Zelt abgebrochen wird, dann haben wir eine Wohnung von Gott, ein nicht von Menschenhand errichtetes ewiges Haus im Himmel" (2 Korinther 5,1). Gleiches drückt in anderer Weise der Verfasser des ersten Petrusbriefes aus: „Gott hat uns in seinem großen Erbarmen neu geboren, damit wir durch die Auferstehung Jesu Christi von den Toten eine lebendige Hoffnung haben ..." (1 Petrus 1,3).

Die Verkündigung dieser Hoffnung in Jesus Christus ist der zentrale Inhalt der ganzen neutestamentlichen Botschaft. Das Bekenntnis zur Auferweckung Jesu und damit verknüpft zur Hoffnung auf eigene Auferweckung ist somit – überspitzt gesagt – kein „Anhang" an eine neutestamentliche Botschaft, in der ansonsten ein irdischer Jesus eine Botschaft des Vertrauens auf Gott und der Zuwendung zum Nächsten verkündet. Von der gesamten Zielsetzung und Ausrichtung des Neuen Testamentes her ist das Bekenntnis zum auferstandenen und erhöhten Herrn, der uns durch Auferstehung und Erhöhung zur Hoffnung auf Heil wird, der unverzichtbare Kern des christlichen Glaubens.

In einer vielfältigen (und für und oft schwierigen) Bilderwelt drückt besonders das letzte Buch der Bibel, die Offenbarung, diese Hoffnung aus. So heißt es: „Ich sah einen neuen Himmel und eine neue Erde. Ich sah die heilige Stadt, das neue Jerusalem, von Gott her aus dem Himmel herabkommen. Ich hörte eine laute Stimme rufen: ‚Seht die Wohnung Gottes unter den Menschen! Er wird in ihrer Mitte wohnen, und sie werden sein Volk sein. Und der Tod wird nicht mehr sein'" (Offenbarung 21,1–5). [...]

Die Schriften des Neuen Testamentes kreisen in vielfacher Weise um die Auferweckung Jesu und die Heilsbedeutung dieses Ereignisses für die glaubende Gemeinde und für jeden Einzelnen, der sich zu Christus bekennt. Dabei lassen sich zusammenfassend verschiedene theologische Linien aufzeigen:

Jesus, der Gekreuzigte, bleibt nicht im Tod. Gott greift vielmehr ein und erweckt seinen Christus, seinen Gesandten, zu neuem

Leben. Damit bestätigt er Leben, Werk, Botschaft und Person dieses Jesus von Nazaret.

Jesus, der Gekreuzigte und Auferweckte, ist der Erhöhte. Durch Gottes Eingreifen erhält Jesus eine neue Stellung, er wird zum Anführer des Lebens, zum Herrn, oder, mit den Bildworten des Johannesevangeliums gesprochen, zum Brot des Lebens, zum Licht der Welt, zum Weg zum Vater.

Menschen sind aufgerufen zum Glauben an den Auferweckten. Die Verkündigung von Tod und Auferstehung Jesu stellt Menschen in die Entscheidung. Sie sind aufgerufen, sich im Glauben an den Auferstandenen zu binden und ihren Lebensweg mit Jesus zu gehen. Diese Bindung geschieht in konzentrierter Form besonders in den gemeindlichen Feiern von Taufe und Eucharistie.

Die Auferweckung Jesu bedeutet Hoffnung für alle. Wer sich an Jesus bindet, gewinnt eine neue Perspektive für sein Leben. Nicht allein für Jesus, sondern für jeden an ihn Glaubenden ist der Tod nicht das Ende, sondern ein Durchgang. Der Glaubende wird ebenso wie Jesus von Gott gehalten und zu neuem Leben erweckt.

Von diesen Grundgedanken der neutestamentlichen Botschaft her leitet sich die christliche Feier von Ostern ab. An Ostern wird die Auferweckung Jesu als Sieg über den Tod überhaupt bekannt und dankend gefeiert.

Aus Hermann-Josef Frisch: Auf uns wartet das Leben. Was wir an Ostern feiern. 2015. topos taschenbuch 898, Seiten 55–58.

Bernardin Schellenberger: Die Wanderkarte des Glaubens

Diese Geschichte der beiden Jünger nach Lukas (24,13–25), die traurig und mutlos nach Emmaus wandern; die unterwegs einen Unbekannten treffen; die auf dem Weg im Gespräch mit ihm vieles lernen und einsehen und denen schließlich am Ende des Weges überraschend die Augen aufgehen dafür, dass der, den sie schmerzlich verloren hatten, schon immer bei ihnen gewesen war – diese Geschichte kommt mir vor wie ein Gleichnis unseres ganzen Lebens mit Gott.

Wie die zwei Jünger verlieren wir eines Tages unseren „Kinderglauben“ und fallen heraus aus einer ganz selbstverständlichen Geborgenheit in Gott und aus der Überzeugung, dass es ihn gebe und dass er bei uns da sei.

Wie die zwei Jünger machen wir uns ohne ihn auf den Weg, um unsere Hoffnung auf andere Orte zu setzen und dort das Glück zu suchen, in Emmaus oder wo auch immer.

Wenn es gut geht, finden wir Weggefährten, mit denen wir über unseren verlorenen Glauben und unsere neuen Überzeugungen sprechen, und über die Frage, woran wir uns denn verlässlich halten können. Wenn es ganz gut geht, finden wir jemanden, der uns einen neuen Zugang zum Glauben erschließt; der uns die Augen öffnet, damit wir begreifen, dass unser Kinderglaube zusammenbrechen *musste*, weil er uns gehindert hätte, in einen tieferen Glauben hineinzuwachsen und zu reifen und eine neue Lebensweisheit und staunenswert neue Horizonte zu entdecken.

„Wenn es gut geht“, habe ich gesagt.

Soweit ich beobachten kann, geht es oft *nicht* gut; geht es nicht gut mit dem Glauben sehr vieler Menschen, sondern dieser Glaube kommt bereits im zweiten Lebensjahrzehnt abhanden, oder er bleibt stecken, bleibt unentwickelt und unreif.

Ich muss genauer sein. Ich muss genauer erklären, was ich unter „Glauben“ in diesem Zusammenhang verstehe.

Nicht verstehe ich darunter das Fürwahrhalten der Glaubenssätze, die die Kirche vorlegt – also alles, was im Apostolischen Glaubensbekenntnis, in einem Katechismus oder in einer Dogmatik steht. Das zu bejahen ist Sache des Verstandes. Darum geht es uns im Folgenden nicht.

Auch verstehe ich darunter *nicht* den tatsächlich *gelebten* Glauben – also das, was ein Mensch *praktisch*, und vielleicht ohne jemals viel darüber nachzudenken oder sich dessen bewusst zu sein, an christlichen Werten lebt: wie er sich hingibt an andere, wie er die Liebe übt, wie er sich einsetzt für das Allgemeinwohl, wie er in Hoffnung und Tapferkeit sein Leben meistert, wie er sich verantwortlich weiß gegenüber Gott und seinem Gewissen. Ich bin der Überzeugung: *Praktisch* leben viele Menschen durchaus das, worum es in unserem christlichen Glauben geht und was im Letzten zählt.

Manche sind sich dessen selber aber gar nicht bewusst oder bekennen sich gar nicht als Christen. Das gibt uns Hoffnung für viele unserer sogenannten „ungläubigen“ Verwandten und Bekannten, um die wir uns sorgen und von denen wir traurig denken: „Wie schade, dass ich meinen Glauben nicht mit ihnen teilen kann!“

Wie viel Glauben ein Mensch im Tiefsten hat und ob und wie er mit Gott verbunden ist, das kann niemand sagen. Da sind Gottes Maßstäbe anders als die unseren.

Wir wissen lediglich: Am Ende unseres Lebens wird die *gelebte Liebe* zählen.

Diese Art Glauben meine ich im Folgenden auch nicht. Ich will vielmehr vom *Glaubensbewusstsein* sprechen – also von der Art und Weise, wie der einzelne Mensch seinen Glauben erfährt und spürt und was er über ihn denkt.

Das Glaubensbewusstsein beeinflusst und prägt nachhaltig die Glaubenspraxis. Das Ideal wäre, bewusst einen reifen, verantwortlichen Glauben zu haben; also nicht bloß spontan ein einigermaßen freundlicher, hilfsbereiter Zeitgenosse zu sein, sondern auch zu wissen, woher unsere besten Antriebe stammen; bewusst Kontakt zu haben mit der Quelle, die unser Leben speist; zur sinnvollen Lebenspraxis hinzu also auch noch ein erleuchteter, klarsichtiger Mensch zu sein, der weiß, was er tut und warum er es tut, und der sich ausdrücklich dem Geber aller guten Gaben verdankt und zu ihm eine persönliche Beziehung hat.

Dieses Glaubensbewusstsein des Menschen kennt Stufen der Entwicklung, genau wie unser Selbstbewusstsein Stufen der Entwicklung kennt.

In jedem Menschenwesen ist die Fähigkeit angelegt, Schritt für Schritt die Welt zu entdecken, mit ihr umzugehen, an ihr zu wachsen und zu reifen. Dafür gibt es bestimmte, immer wiederkehrende Gesetzmäßigkeiten.

Auch für die Entwicklung unseres Glaubensbewusstseins gibt es bestimmte Gesetzmäßigkeiten. In uns gibt es sozusagen die erbliche Anlage und Fähigkeit, Freunde und Partner Gottes zu werden.

An Ostern feiern wir Jahr um Jahr, dass wir als Getaufte zu Christus gehören und Anteil an seinem unvergänglichen Leben haben. Genauer genommen ist die Taufe der Einstieg in den

Stufenweg einer Glaubensentwicklung, ist die Taufe der Einstieg in die Entwicklung unserer Fähigkeit, Gott immer besser zu erkennen und im Glauben immer erwachsener und erleuchteter zu werden.

Aber leider kommt diese Entwicklung allzu oft schon nach den ersten Stufen zum Stillstand. Sie kennt Umbrüche und Krisen und gefährliche Stellen, an denen es viele Menschen aus der Bahn wirft. Deshalb dachte ich mir, es wäre für uns alle interessant und wichtig, uns einmal sozusagen die „Idealgestalt" des möglichen Weges anzusehen.

Oder, von Ostern her gesagt: Ich möchte beschreiben, welchen Weg die Stufen der „Auferweckung" und Entfaltung eines wirklich glaubenden, geistlichen Menschen nehmen.

Die folgenden Gedanken sind eine Einleitung und ein kurzer Überblick über unsere ganze Reihe von Betrachtungen über die Entwicklungsstufen unseres Glaubensbewusstseins. Grob umrissen wird uns dieser Weg über sieben Stufen führen:

1. *Der Glaube im Kleinkindalter.* Wie geben Eltern und Verwandte einem Ein-, Zweijährigen den Glauben oder Unglauben weiter? Sie tun das meist, ohne es recht zu merken. Es ist interessant, das einmal bewusst zu machen. Und vielleicht noch interessanter ist es, sich zu fragen: Was für eine Art Glauben habe *ich* in die Wiege gelegt bekommen? Denn davon, ob uns ein Grundvertrauen oder Grundmisstrauen ins Leben vermittelt worden ist, sind wir ein Leben lang geprägt.

2. *Der Glaube im Vorschulalter.* In dieser Zeit müssen einem Kind verlässliche Rituale und Grenzen vermittelt werden, damit es seinen Stand in der Welt, in der Gemeinschaft und auch im Glauben finden kann. Wo das nicht stattfindet, ist womöglich alles Weitere auf Sand gebaut.

3. *Der Glaube in der mittleren Kindheit.* Da glauben Kinder alles buchstäblich, was in der Bibel steht, und in dieser Phase ist das richtig. „Kinder brauchen Märchen", heißt ein epochemachendes Buch des berühmten Kinderpsychologen Bruno Bettelheim.

Das ist zugleich eine der gefährlichsten Klippen. Denn viele Erwachsene bleiben schon hier hängen: Sie halten entweder zäh ein Leben lang an dieser Buchstäblichkeit fest (wie es auch viele sogenannte „Fundamentalisten", Sektenangehörige und Freikirchliche tun) oder sie werfen den ganzen Glauben als Kindermärchen weg, weil alle diese biblischen Geschichten – so meinen sie – doch nicht wahr sein können. In Wirklichkeit bleiben sie selber geistig und seelisch Kinder und entwickeln keinen Sinn für eine neue Dimension von „Wahrheit", die in allen diesen Geschichten der Entdeckung harrt. Theologen sprechen in diesem Zusammenhang vom „Atheismus der Elfjährigen". Das bedeutet: Wenn ein Kind entdeckt, dass die Welt gar nicht so einfach und gerecht konstruiert ist, wie es die Bibel zu schildern scheint, kommt sein Glaube an einen Gott, der die Guten belohnt und die Bösen bestraft, in eine radikale Krise, und es verliert womöglich alle Freude und alles Interesse daran. Viele Menschen setzen sich schon hier von der weiteren Wanderung in Richtung eines reiferen Glaubens ab. Das alles werden wir ausführlich besprechen müssen. Doch fahren wir jetzt mit unserem Überblick fort. Da gibt es, wo der Glaube weiterwächst,

4. *den Glauben in der Jugend,* der sehr persönliche Züge annehmen kann und vom Gefühl begleitet ist, Gott sei immer und überall mit einem und der Einzelne sei intensiv mit Gott verbunden. Der Glaube scheint da etwas ganz Selbstverständli-

ches zu sein, ein Element, in dem man sich tummelt wie der Fisch im Wasser. Aber unversehens kommt

5. *im jungen Erwachsenenalter* eine Ernüchterung: Die Gefühle bleiben zunehmend aus, und immer mehr stellt man selber kritisch alles Seitherige infrage: ob nicht alles bloß Gefühl und Einbildung gewesen sei. Da findet in der persönlichen Lebensgeschichte das statt, was man in der europäischen Geistesgeschichte als „Aufklärung" bezeichnet: Vor dem Forum des Verstandes wird das kirchlich vermittelte Glaubens- und Wertsystem kritisch hinterfragt, und nichts mehr ist selbstverständlich. Es ist die Zeit der Diskussionen und sozialen Aktionen. Die jungen Erwachsenen suchen ihren ganz eigenen Stand und ihr Engagement in der Welt.

Wo nicht eingesehen wird, dass dies eine *notwendige* und wichtige Entwicklungsphase ist, kann das wiederum eine gefährliche Klippe werden, und der Betreffende meint, um der Redlichkeit willen abrücken zu müssen vom ausdrücklichen Glaubensweg. Wo es gut geht, gelangt man

6. *im mittleren Erwachsenenalter* auf die Bewusstseinsstufe, auf der man ein Verhältnis zu dem Paradox findet, dass Gott immer zugleich offenbar und verhüllt, zugänglich und unbegreiflich bleibt und dass das Leben und die Wahrheit komplexer sind, als man dachte. Man sieht ein, dass man an die Wahrheit aus verschiedenen Richtungen und Blickwinkeln herangehen muss und dass keiner sie ganz für sich gepachtet hat. Man findet zu einer sogenannten „zweiten Naivität" und entdeckt zunehmend die tiefere Wahrheit, die in allen Symbolen und Geschichten – auch in biblischen Geschichten – verborgen ist, und man entwickelt ein Bedürfnis, sie für sich zu entdecken. Man möchte nicht mehr bloß seinen Verstand betätigen und

diskutieren, sondern man möchte echte *Erfahrungen* machen. Damit erwacht auch ein neuer Sinn für Stille und Intimität. Schließlich könnte man zu einer letzten Stufe finden, in der man sich

7. *im mittleren und späteren Erwachsenenalter* sozusagen „in Gott gegründet" findet und in Gelassenheit und Weisheit und mit einem sehr weiten, liebenden Herzen, sozusagen mit den Augen Gottes, die Welt und die Menschen betrachtet.

Aus Bernardin Schellenberger, Aufstieg in die Weite. Stufen des Glaubens. 2015. topos taschenbuch 1036, Seite 11–19 (bearbeitet).

Bernhard Welte: Über den geschichtlichen Ursprung des Ausfalls der religiösen Erfahrung in der Moderne

Kann man etwas darüber sagen, woher dieser für unsere Zeit und Welt so charakteristische Ausfall der religiösen Erfahrung kommt? Vielleicht wird niemand dieses Geschick unserer Zeit ganz ergründen. Man muß vielleicht überhaupt sagen, daß für geschichtliche Zustände eine vollständige kausale Begründung nicht zu geben ist.

Dies heißt aber nicht, daß sich nicht doch einiges darüber sagen läßt, was vermutlich die Voraussetzungen sind für einen solchen Zustand. Und in der Tat sind von einigen Denkern unserer Zeit, wie mir scheint, immerhin wichtige Gedanken zu diesen Voraussetzungen und Ursprüngen geäußert worden.

Der Ausfall der religiösen Erfahrung und die Erfahrung, keine religiöse Erfahrung zu haben, hängen offenbar mit dem zusammen, was man die Aufklärung und insbesondere die zweite Aufklärung genannt hat. Mit dem Aufkommen jener Form moderner autonomer Vernunft, die vor allem in den Gestalten von Wissenschaft und Technik die Weltherrschaft seit langem angetreten hat.

Dabei ist es offenbar nicht so, daß Wissenschaft und Technik von sich aus die religiöse Erfahrung verdeckten oder verhinderten. Die genannten bestimmenden Mächte unserer Zeit und Welt verhalten sich in dieser Sache eher ganz neutral und jedenfalls nicht grundsätzlich feindlich.

Es spricht aber vieles dafür, daß sich im Wirken der modernen autonomen Vernünftigkeit in den Gestalten von Wissenschaft und Technik etwas Tiefes und Verborgenes äußert und darin sein Wesen treibt, etwas, was seinerseits nicht von der Art von Wissenschaft und Technik ist. An das hat wohl Heidegger gedacht, als er den anstößigen Ausdruck vom „Gestell" gebraucht hat, nämlich als die Zusammenfassung oder die Sammlung dessen, was in Wissenschaft und Technik in ihrem Grund als ihre geheime Voraussetzung waltet: das vorstellende, sicherstellende und herstellende Wesen im Denken und im Existieren der Sterblichen.

Aber auch Jürgen Habermas hat in anderer Weise und doch analog dazu von „Wissenschaft und Technik als Ideologie" gesprochen. Seine immer noch wichtige Studie über dieses Thema ist 1968 erschienen. Habermas vermochte zu zeigen, daß Technik und Wissenschaft zwar nicht Ideologie sein müssen, daß sie es aber leicht sein können und daß sie in unserem Zeitalter tatsächlich zur Ideologie geworden sind. Er bestreitet dabei nicht die ungeheure Nützlichkeit, ja Notwendigkeit von Technik und Wissenschaft in unserer Welt und für das ganze moderne Leben. Wohl aber sucht er die ideologische Funktion freizulegen, in die die Weltmächte von Technik und Wissenschaft heutzutage weithin geraten sind.

Habermas hat in diesem Zusammenhang gezeigt, daß die moderne Wissenschaft zuerst in zweckrationalen Subsystemen unserer Gesellschaft lebendig war, nämlich in den begrenzten Kreisen der Gelehrten, daß aber die Denk- und namentlich die Handlungsweisen, die zur modernen Wissenschaft gehören und von ihr bestimmt sind, im Laufe des 19. Jahrhunderts zusammenwuchsen mit den modernen Systemen der industriellen Fertigung und daß von da an die nach Max Weber so genannte „Zweckrationalität" eine Einheit bildete, sofern man sie im Zusammenhang und im Ganzen des modernen geschichtlich-gesellschaftlichen Prozesses betrachtet.

Aber auch diese Zweckrationalität der angewandten Wissenschaft war nach Habermas zunächst nur in relativ begrenzten Gruppen der Gesellschaft wirksam. Sie hat aber bald und in einem schnell fortschreitenden Prozeß die Herrschaftsformen und die Regierungsapparate samt ihrer Legitimation absorbiert. So werden auch diese immer mehr zweckrationale Großverwaltungen. Diese immer mächtiger durchgreifende Zweckrationalität hat schließlich auch nach der gesellschaftlichen Basis hin, nämlich in die Lebenswelt von Familie, Freiheit und Konsumverhalten, eingegriffen und sie immer mehr absorbiert. Denn alles dies, und insbesondere das Konsumverhalten, wird immer mehr gesteuert durch zweckrationale Strukturen.

So ist nach Habermas im Zuge eines anscheinend notwendigen geschichtlichen Prozesses aus Wissenschaft und Technik und dem dazugehörigen zweckrationalen Verhalten unversehens eine Ideologie geworden. Das Ideologische dieses ganzen Systems liegt – so glaube ich Habermas deuten zu dürfen – in der in ihm wirksamen Vorstellung, es lasse sich alles auf diese Weise beherrschen und vernünftig regeln. Und es liegt im Zusammenhang damit in dem in diesem System wirksamen Herrschaftsinteresse. Durch dieses wird die Idee der totalen Zuständigkeit von Wissenschaft und Technik zur alles beherrschenden Macht, und es wird alles, d. h. die ganze Welt, im Prinzip und vom Ansatz her als regulierbar und beherrschbar betrachtet. Es entsteht in der Weise des Gebrauchs von Wissenschaft und Technik ein umfassendes Herrschaftssystem. Dies aber ist der ideologische Schein, der den Gebrauch von Wissenschaft und Technik in unserer Gesellschaft umgibt.

Denn wenn man auch vieles rational beweisen, regeln und sicherstellen kann, so kann man doch nicht beweisen und sicherstellen, daß man alles beweisen und sicherstellen kann. Und wenn man vieles zweckrational ordnen und beherrschen kann, so ist damit noch lange nicht gesagt, daß man alles auf diese Weise ordnen und beherrschen kann. Und erst recht ist damit nicht gesagt, daß man alles auf diese Weise beherrschen soll.

Es scheint, daß eine aus kaum ergründbaren Tiefen aufstehende geschichtliche Mächtigkeit die Menschen dazu trieb und weiter dazu treibt, alles und das Ganze autonom beherrschen zu wollen. Und diese tiefe Mächtigkeit hat sich der großen modernen Möglichkeiten der Wissenschaft und Technik bemächtigt und drückt sich immer stärker in ihnen aus.

Und so entstand, zwar nicht aus dem Wesen von Wissenschaft und Technik und zweckrationalen Verhaltensmustern, wohl aber aus der Weise ihres öffentlichen Gebrauchs, der Schein der totalen und absoluten Kompetenz. Man ist geneigt zu sagen: der Schein gottgleicher Allmächtigkeit. Davon hat Horst Eberhard Richter in seinem Buch *Der Gotteskomplex. Die Geburt und die Krise des Glaubens an die Allmacht des Menschen* gesprochen. Er hat unter psychoanalytischen Gesichtspunkten die geschichtliche Entstehung dieses Komplexes zu analysieren versucht.

Dieser Schein oder dieser Komplex hat dann wiederum die Folge, daß es weiter scheint, daß es nichts anderes gebe und geben könne als das, was grundsätzlich wissenschaftlich und technisch und rational zu regeln und zu bewältigen ist. Dieser negative Schein deckt dann in seiner Negativität alle vielleicht möglichen anderen Erfahrungshorizonte zu und wird mächtig im Ganzen der Gesellschaft. Und von daher kann es dann deutlich werden, daß und von woher für religiöse Erfahrung kein Raum mehr bleibt und daß sie, jedenfalls als eine die Zeit bestimmende Macht, ausfallen muß. Es ist, wie man nun sehen wird, nicht die Wissenschaft und Technik in ihrem wahren Wesen, was diese Folge hat. Es ist vielmehr der ideologische Schein, der sich im Gebrauch dieser Mächte ausdrückt, und der Komplex, der sich mit ihnen verbindet und der sich ihrer bedient. Dieser Schein bringt die religiöse Erfahrung zum Verschwinden.

Schon vor Jürgen Habermas hat Max Horkheimer in seinem 1947 in den Vereinigten Staaten und dann 1967 in Deutschland erschienenen Buch *Zur Kritik der instrumentellen Vernunft* auf Ähnliches aufmerksam gemacht. Er hat den instrumentellen Charakter dieser ganzen modernen Rationalität aufgedeckt. Sie vermag Instrumente zu liefern für anscheinend alles. Diese Instrumente werden immer höher perfektioniert. Und so entsteht wiederum der Schein, es lasse sich alles auf diese Weise regeln. Dies ist aber ein bloßer Schein, denn das hochentwickelte rationale Instrumentarium ist neutral gegen seinen Gebrauch. Es bestimmt keine sinngebenden Ziele, denn es ist rein instrumentell. Es unterscheidet also nicht zwischen Gut und Böse, zwischen Krieg und Frieden, zwischen Sinnvollem und Sinnlosem. Man kann ja alles, das Böse wie das Gute, hochrationalisieren und perfektionieren und dafür Instrumente herstellen. Also tritt ein Mangel an zielgebenden und zielverleihenden Ideen auf. Und gleichzeitig tritt in einer solchen Welt leicht die Verwechslung des instrumentellen Gebrauchs mit einem sinnvollen Gebrauch ein, und es scheint dann alles sinnvoll, was man technisch machen kann, und dies nur deswegen, weil man es machen kann. Aber dies ist wiederum der ideologische Schein, der die Wissenschaft und Technik begleitet, der Schein der universalen herrschaftlichen Kompetenz, den wir vorhin schon aus den Gedanken von Habermas erhoben haben.

Hier geht es, wie man sieht, gewiß nicht darum, zu fordern, es solle keine instrumentelle Vernunft geben und keine vernünftig und rational perfektionierten Instrumente. Aber es geht darum, den Schein zu vertreiben, daß die Vernunft als instrumentelle für sich allein schon fürs Ganze des menschlichen Daseins genüge.

Wird dieser Schein aber gleichwohl herrschend, dann ist es klar, daß so etwas wie religiöse Erfahrung ausfallen muß. Denn wenn es nur diese Instrumente gibt und diese instrumentelle Vernunft und diese Zweckrationalität, dann muß konsequent alles andere, was nicht in diese Ordnung paßt, wie Nichts erscheinen. Es entsteht also konsequent das, was

Bertolt Brecht ausgesagt hat, nämlich die Erfahrung des Nichts.

Dies sind, wie mir scheint, die wichtigsten Gedanken, die uns wenigstens einigen Einblick gewähren in die Gründe und Anlässe zeitgeschichtlicher Art, von denen her der Ausfall der religiösen Erfahrung erklärbar wird. Er wird so zwar nicht vollständig und nach allen Seiten klar, wohl aber fällt wenigstens einiges Licht darauf, und dies scheint uns höchst bedeutsam.

Aus Bernhard Welte: Das Licht des Nichts. Von der Möglichkeit neuer religiöser Erfahrung. 2015. topos taschenbuch 1027, Seite 26–31.

Gregor Maria Hoff: Ein anderer Atheismus. Spiritualität ohne Gott?

„Was da sein sollte, ist nicht da: Diese Feststellung ist lautlos, fast schmerzlos wirksam. Sie bezieht sich auf einen Ort, den wir nicht lokalisieren können, so als wären wir von der Trennung betroffen, noch bevor wir es wissen. Wenn diese Situation zur Sprache kommt, kann sie ihren Ausdruck in dem alten christlichen Gebet finden: ‚Lass nicht zu, dass ich mich jemals von dir trenne.' Nicht ohne dich. *Nicht ohne*. Doch das Notwendige ist, wenn es einmal unwahrscheinlich geworden ist, faktisch das Unmögliche. Dies ist die Gestalt des Begehrens. Und dieses hängt offensichtlich mit jener langen Geschichte des *Einzigen* zusammen, dessen Ursprung und Gestalten in ihrer monotheistischen Form Freud so sehr beschäftigten. Nur ein einziges Etwas fehlt, und schon fehlt alles. Dieser Neuanfang verlangt, dass man immer wieder und immer neu sucht, irrt und wieder weitermacht. Man ist krank an der Abwesenheit, weil man krank ist nach dem Einzigen."

Michel de Certeau eröffnet seine große Studie über die „Mystische Fabel" mit einem Diskurs des Vermissens. Die besondere Form, in der mystische Texte die Gegenwart Gottes *als Erfahrung* vermitteln, deckt auf, wie sehr eine alles dominierende Sehnsucht von etwas Anderem dominiert wird: von der Abwesenheit des Gesuchten. So vergegenwärtigt es sich, und so legt es den – religionskritischen, an Freud geschulten – Verdacht nahe, ihr Laborieren mache sie krank. Die Pathologien des verkrümmten Glaubens, der nach dem sucht, was er sich hervorträumt und herbeiwünscht, beweisen freilich noch nichts: weder die Wirklichkeit eines Gottes, der sich in der Sehnsucht und im Gottvermissen aufzwingt, noch die Gegenstandslosigkeit des Gedankens. In der Tatsache des Vermissens aber zeigt sich, wie das *Innerste* in den verlorenen Räumen der Geschichte gesucht wird und wie deren Orte vom Subjekt Besitz nehmen.

Im literarischen Todesmotiv nimmt dieses schier unendliche Vermissen eine prägnante Gestalt an. Eine eigene Gegenwartsform entsteht: die immer aufgeschobene Präsenz des verlorenen Menschen, der im Tod das Leben der Hinterbliebenen bestimmt. Auch die Evangelien werden diesen Tod nicht los. Er bleibt der stille Begleiter, wenn man sie liest. Aber mit der Reich Gottes-Botschaft Jesu entsteht angesichts des Todes ein neuer Lebensraum, der sich dadurch auszeichnet, dass hier kein Mensch verloren geht. Eine Utopie?

Paulus verharmloste nichts, als er vom „Wahnsinn des Kreuzes" sprach (1 Kor 1,18-31). Am Heterotopos des Kreuzes entzündet sich sein Gottesdiskurs neu. Dieser unmögliche Ort jüdischer Gottesbestimmung (deuteronomisch: Wer am Pfahl hängt, ist verflucht!) durchbricht projektive Selbstermächtigungen. Das Kreuz ist ein Ort der Konfrontation und einer abduktiven Gotteserfahrung: Die Macht Gottes kennt keine Grenze – so wenig wie das Leben angesichts des *Unortes* Tod, den keiner *erfährt*, einfach zur Ruhe kommt. Kein Gedanke schließt ihn ab.

Paulus macht die Erfahrung, dass der Gekreuzigte nicht im Tod bleibt. Er weist sie in der Form einer apokalyptischen Gottesinitiative aus: als Auferweckung des Gekreuzigten. Sie entspricht der schöpferischen Ereignissingularität, *dass etwas ist und nicht vielmehr nichts ...* Aber auch die Erfahrung des Auferstandenen bleibt ins Vermissen getaucht und auf Sehnsucht geeicht – auf die Parusie des fehlenden Herrn. In der Geschichte unserer Selbst- und Gottesbestimmungen bleibt es bei Suchbewegungen. Religiös sind sie angeleitet von einer *spes docta*, informierter Hoffnung, die sich an kritisch durchmusterter Erfahrung wie der des Paulus orientiert. Jenseits davon fällt es schwer, jene Momente unendlichen Vermissens zu *bewahren*, die unsere Existenz maßgeblich bewegen: *nicht preiszugeben, was sich nicht aufgeben lässt ...* (Und gewinnt nicht der Energieerhaltungssatz vor diesem Hintergrund eine nahezu mystische Erkenntnisqualität?)

Theologie markiert eine konstitutive Leerstelle unserer Existenz, indem sie Codierungen von unerreichbaren Anfängen anbietet. Unerreichbar ist der kosmische Ursprung von allem, der Passformen geistigen Lebens ermöglicht. Dabei erscheint das irreguläre und unausweichliche Moment des Unendlichen als Existenzmotiv, das sich nicht stillstellen oder abschaffen lässt. Verständlich zu machen, warum uns letzte Fragen beschäftigen, verlangt noch im Ausweis evolutionsgeschichtlicher Vorteile nachzuvollziehen, wie die Interpretationsfigur biologischer *Funktion* überhaupt ins Spiel kommt. Theologie leistet *Aufklärung* über unsere Interpretationsverhältnisse – noch wo sie mehr, entscheidend mehr beansprucht, indem sie „Gott" nicht nur als Chiffre unendlichen Vermissens begreift, sondern seine unbegrenzte schöpferische Lebensmacht *als Anfang von allem* (Gen 1,1) bestimmt. In der Form eines „offenen Narrativs", das die Unverrechenbarkeit geschichtlicher Ereigniswirklichkeit, ihre Singularität und Sprengkraft literarisch wie denkerisch zur Geltung bringt, konfrontiert uns Theologie mit dieser Wahrheit über unsere Existenz.

Aus Gregor Maria Hoff: Ein anderer Atheismus. Spiritualität ohne Gott? 2015. topos taschenbuch 1020, Seite 155–157.

Mit der Geburt Jesu ...

... öffnet sich der Himmel! Gott gibt uns in Christus die Gewissheit einer unzerstörbaren Liebe. Seit der Menschwerdung des Wortes ist es also möglich, den Himmel offen zu sehen. Es war dies möglich für die Hirten von Bethlehem, für die Sterndeuter aus dem Osten, für den Täufer, für die Apostel Jesu, für den heiligen Stephanus, den ersten Märtyrer, der ausrief: „Ich sehe den Himmel offen!" (Apg 7,56). Und auch ein jeder von uns vermag es, wenn wir uns von der Liebe Gottes erfüllen lassen, die uns zum ersten Mal in der Taufe durch den Heiligen Geist geschenkt wird. Lassen wir uns von der Liebe Gottes überfluten! Das ist die große Zeit der Barmherzigkeit!

Aus Papst Franziskus: Freude sei in eurem Herzen. Ein Begleiter für jeden Tag. 2015. topos premium, Seite 159. Ansprache beim Angelusgebet am 12. Januar 2014: „Lassen wir uns von der Liebe Gottes überfluten."

Selma Lagerlöf: In Nazaret

Einmal zu der Zeit, da Jesus erst fünf Jahre alt war, saß er auf der Schwelle vor seines Vaters Werkstatt in Nazaret und war damit beschäftigt, aus einem Klümpchen geschmeidigen Tons, das er von dem Töpfer auf der anderen Seite der Straße erhalten hatte, Tonkuckucke zu verfertigen. Er war so glücklich wie nie zuvor, denn alle Kinder des Viertels hatten Jesus gesagt, dass der Töpfer ein mürrischer Mann sei, der sich weder durch freundliche Blicke noch durch honigsüße Worte erweichen ließe, und er hatte niemals gewagt, etwas von ihm zu verlangen. Aber siehe da, er wusste kaum, wie es zugegangen war: Er hatte nur auf seiner Schwelle gestanden und sehnsüchtig den Nachbarn betrachtet, wie er da an seinen Formen arbeitete, und da war er aus seinem Laden gekommen und hatte ihm so viel Ton geschenkt, dass er gereicht hätte, um einen Weinkrug daraus zu fertigen.

Auf der Treppenstufe vor dem nächsten Haus saß Judas, der hässlich und rothaarig war und das Gesicht voller blauer Flecke und die Kleider voller Risse hatte, die er sich bei seinen beständigen Kämpfen mit den Gassenjungen zugezogen hatte. Für den Augenblick war er still, er reizte niemanden und balgte sich nicht, sondern arbeitete an einem Stück Ton, in gleicher Weise wie Jesus. Aber diesen Ton hatte er sich nicht selbst verschaffen können: Er traute sich kaum, dem Töpfer unter die Augen zu treten, denn dieser beschuldigte ihn, dass er Steine auf sein zerbrechliches Gut zu werfen pflege, und hätte ihn mit Stockhieben verjagt; Jesus war es, der seinen Vorrat mit ihm geteilt hatte.

Wie die zwei Kinder ihre Tonkuckucke fertigmachten, stellten sie sie in einem Kreis vor sich auf. Sie sahen so aus, wie Tonkuckucke zu allen Zeiten ausgesehen haben, sie hatten einen großen roten Klumpen als Füße, um darauf zu stehen, kurze Schwänze, keinen Hals und kaum sichtbare Flügel.

Aber wie das auch sein mochte, alsbald zeigte sich ein Unterschied in der Arbeit der kleinen Kameraden. Judas' Vögel waren so schief, dass sie immer umpurzelten, und wie er sich auch mit seinen kleinen harten Fingern mühte, er konnte ihre Körper doch nicht niedlich und wohlgeformt machen. Er sah zuweilen verstohlen zu Jesus hinüber, um zu sehen, wie der es anstellte, dass seine Vögel so gleichmäßig und glatt wurden wie die Eichenblätter in den Wäldern auf dem Berg Tabor.

Mit jedem Vogel, den Jesus fertig hatte, wurde er glücklicher. Einer deuchte ihn schöner als der andere, und er betrachtete sie alle mit Stolz und Liebe. Sie sollten seine Spielgefährten werden, seine kleinen Geschwister, sie sollten in seinem Bett schlafen, mit ihm Zwiesprache halten, ihm ihre Lieder singen, wenn seine Mutter ihn allein ließ. Er hatte sich nie so reich gedünkt, niemals mehr würde er sich einsam oder verlassen fühlen können.

Der hochgewachsene Wasserträger ging vorbei, gebeugt unter seinem schweren Sack, und gleich nach ihm kam der Gemüsehändler, der mitten zwischen den großen leeren Weidenkörben auf dem Rücken seines Esels baumelte. Der Wasserträger legte seine Hände auf Jesu blondlockigen Kopf und fragte ihn nach seinen Vögeln, und Jesus erzählte, dass sie Namen hätten und dass sie singen könnten. Alle seine kleinen Vögelchen wären aus fremden Ländern zu ihm gekommen und erzählten ihm Dinge, von denen nur sie und er wüssten. Und Jesus sprach so, dass der Wasserträger wie der Gemüsehändler lange ihre Verrichtungen vergaßen, um ihm zu lauschen.

Als sie weiterziehen wollten, wies Jesus auf Judas. „Seht, was für schöne Vögel Judas macht!" sagte er.

Da hielt der Gemüsehändler gutmütig seinen Esel an und fragte Judas, ob auch seine Vögel Namen hätten und singen könnten. Aber Judas wusste nichts hierüber, er schwieg eigensinnig und hob die Augen nicht von seiner Arbeit; der Gemüsehändler stieß ärgerlich einen seiner Vögel mit dem Fuß weg und ritt weiter.

So verstrich der Nachmittag, und die Sonne sank so tief, dass ihr Schein durch das niedrige Stadttor hereinschreiten konnte, das sich, mit einem römischen Adler geschmückt, am Ende der Straße erhob. Dieses Sonnenlicht, das um die Neige des Tages kam, war ganz rosenrot, und als wäre es aus Blut gemischt, gab es seine Farben allem, was ihm in den Weg kam, während es durch das schmale Gässchen rieselte. Es malte die Gefäße des Töpfers ebenso wie die Planke, die unter der Säge des Zimmermanns knirschte, und das weiße Tuch, das Marias Gesicht umgab.

Aber am allerschönsten blinkte der Sonnenschein in den kleinen Wasserpfützen, die sich zwischen den großen holprigen Steinfliesen, die die Straße bedeckten, angesammelt hatten. Und plötzlich steckte Jesus seine Hand in die Pfütze, die ihm zunächst war. Es war ihm eingefallen, dass er seine grauen Vögel mit dem glitzernden Sonnenschein anmalen wollte, der dem Wasser, den Hausmauern, kurz allem ringsum eine so schöne Farbe verliehen hatte.

Da war es dem Sonnenlicht eine Freude, sich auffangen zu lassen wie die Farbe aus einem Malertiegel, und als Jesus es über die kleinen Tonvögelchen strich, da lag es still und bedeckte sie vom Kopf bis zum Fuß mit diamantenähnlichem Glanze.

Judas, der hie und da einen Blick hinüber zu Jesus warf, um zu sehen, ob dieser mehr und schönere Vögel mache als er, stieß einen Ausruf des Entzückens aus, als er sah, wie Jesus seine Tonkuckucke mit Sonnenschein bemalte, den er aus den Wassertümpeln der Gasse auffing. Und Judas tauchte seine Hand auch in das leuchtende Wasser und suchte das Sonnenlicht aufzufangen.

Aber das Sonnenlicht ließ sich nicht von ihm fangen. Es glitt zwischen seinen Fingern hindurch, und wie hurtig er sich auch mühte, die Hände zu regen, um es zu greifen, es entschlüpfte ihm doch, und er konnte seinen armen Vögeln kein bisschen Farbe schaffen.

„Warte, Judas!" sagte Jesus. „Ich will kommen und deine Vögel malen."

„Nein", sagte Judas, „du darfst sie nicht anrühren. Sie sind gut genug, wie sie sind."

Er stand auf, während seine Stirn sich furchte und seine Lippen sich aufeinander pressten. Und er setzte seinen breiten

Fuß auf die Vögel und verwandelte sie einen nach dem andern in kleine abgeplattete Lehmklumpen.

Als seine Vögel alle zerstört waren, ging er auf Jesus zu, der dasaß und seine kleinen Tonvögel streichelte, die wie Juwelen funkelten. Judas betrachtete sie eine Weile schweigend, aber dann hob er den Fuß und trat einen von ihnen nieder.

Als Judas den Fuß zurückzog und den ganzen kleinen Vogel in grauen Lehm verwandelt sah, empfand er eine solche Wollust, dass er zu lachen begann, und er hob den Fuß, um noch einen zu zertreten.

„Judas", rief Jesus, „was tust du? Weißt du nicht, sie sind lebendig und können singen!"

Aber Judas lachte und zertrat noch einen Vogel. Jesus sah sich nach Hilfe um. Judas war so groß, und Jesus hatte nicht die Kraft, ihn zurückzuhalten. Er schaute nach seiner Mutter aus. Sie war nicht weit weg, aber ehe sie herankäme, konnte Judas schon alle seine Vögel zerstört haben. Die Tränen traten Jesus in die Augen. Judas hatte schon vier seiner Vögel zertreten, es waren nur noch drei. Er war seinen Vögeln gram, dass sie so stille standen und sich niedertreten ließen, ohne auf die Gefahr zu achten.

Jesus klatschte in die Hände, um sie zu wecken, und rief ihnen zu: „Fliegt, fliegt!" Da begannen die drei Vögel ihre kleinen Flügel zu regen, und ängstlich flatternd vermochten sie sich auf den Rand des Daches zu schwingen, wo sie geborgen waren.

Aber als Judas sah, dass die Vögel auf Jesu Wort die Flügel regten und flogen, da fing er zu weinen an. Er raufte sein Haar, wie er es die Alten hatte tun sehen, wenn sie in großer Angst und Sorge waren, und warf sich Jesus zu Füßen. Und da lag Judas und wälzte sich vor Jesus im Staub wie ein Hund und küsste seine Füße und bat, dass er seinen Fuß erheben und ihn niedertreten möge, wie er es mit den Tonvögeln getan hatte. Denn Judas liebte Jesus und bewunderte ihn und betete ihn an und hasste ihn zugleich.

Aber Maria, die die ganze Zeit über das Spiel der Kinder angesehen hatte, stand jetzt auf, hob Judas empor und setzte ihn auf ihren Schoß und liebkoste ihn.

„Du armes Kind!“ sagte sie zu ihm. „Du weißt nicht, dass du etwas versucht hast, was kein Geschöpf vermag. Vermiss dich nicht mehr, solches zu tun, wenn du nicht der unglücklichste aller Menschen werden willst! Wie sollte es wohl dem von uns ergehen, der es unternähme, mit ihm zu wetteifern, der mit Sonnenschein malt und dem toten Lehm den Odem des Lebens einhaucht?“

Aus Selma Lagerlöf: Die schönsten Weihnachtsgeschichten. 2015. *topos taschenbuch* 1026, *Seite* 39–44.

Klaus Roos: Dem Licht entgegen

Nicht nur die Zugvögel haben einen inneren Kompass. Wissenschaftler der Universität Essen haben herausgefunden: Kühe richten beim Weiden ihren Körper fast immer in Nord-Süd-Richtung aus. Mit dem Computerprogramm Google Earth wurde das per Satellit weltweit vermessen.

Kühe haben einen siebten Sinn für das Magnetfeld der Erde. Niemand weiß, woher das kommt und wozu es gut ist. Eines der Rätsel der Natur.

Unsere alten Kirchen haben auch eine besondere Orientierung. Sie sind fast immer nach Osten ausgerichtet. Die Baumeister des Mittelalters legten Wert darauf, dass der Chorraum mit dem Altar nach Osten schaut: dorthin, wo die Sonne aufgeht. Wir sollen eintauchen in die Ostersonne des Auferstandenen – das wollten die alten Baumeister sichtbar machen. Das ist das Magnetfeld, das unserem Leben Richtung gibt. Was unser Geheimnis als Christen ausmacht, was der Kern unseres Glaubens ist, das fasst der 1. Petrusbrief in dem Bild zusammen: Gott hat uns aus der Finsternis in sein wunderbares Licht gerufen (vgl. 1 Petr 2,9). „Lebt als Kinder des Lichts", schrieb deshalb der Apostel Paulus (Eph 5,8).

Schon bevor Jesus geboren wurde, hatten die Perser den Lichtgott Ahura Mazda verehrt. Die Griechen widmeten dem Sonnengott Helios ein Standbild, das als eines der sieben Weltwunder galt, und die Römer sahen in ihm, den sie Sol invictus – unbesiegte Sonne, nannten, ihren wichtigsten Gott. Der Geburtstag dieses Gottes wurde am 25. Dezember gefeiert. Auf dieses Datum legten die Christen ihr Weihnachtsfest. Sie wollten damit deutlich machen: Die wahre Sonne ist Jesus Christus. Er ist das Licht der Welt.

Bis heute erklingen deshalb jedes Jahr in der Christmette die Jesaja-Worte: „Das Volk, das im Dunkel lebt, sieht ein helles Licht; über denen, die im Land der Finsternis wohnen, strahlt ein Licht auf" (Jes 9,1). Bis heute verkünden wir deshalb im Evangelium des Ersten Weihnachtsfeiertags die Worte des Evangelisten Johannes: „Das wahre Licht, das jeden Menschen erleuchtet, kam in die Welt" (Joh 1,9). Bis heute singen wir deshalb täglich in der Laudes, dem großen Morgengebet der Kirche, den Lobgesang des Zacharias, in dem es heißt: „Durch die barmherzige Liebe unseres Gottes wird uns besuchen das aufstrahlende Licht aus der Höhe, um allen zu leuchten, die in Finsternis sitzen und im Schatten des Todes".

1624 wurde in Schlesien Johann Scheffler geboren. Er ist später als Barockdichter und mystischer Priester unter dem Namen Angelus Silesius berühmt geworden. Was der alte Kirchenbau mit seiner Ausrichtung nach Osten sagen wollte, drückte Angelus Silesius 1657 in einem Gedicht aus, das zu einem bekannten Kirchenlied geworden ist. Es gibt Zeugnis von der adventlichen Sehnsucht nach dem Licht des Lebens:

Morgenstern der finstern Nacht,
der die Welt voll Freuden macht,
Jesu mein,
komm herein,
leucht in meines Herzens Schrein,
leucht in meines Herzens Schrein.

Schau, dein Himmel ist in mir,
er begehrt dich, seine Zier.
Säume nicht, o mein Licht,
komm, komm eh der Tag anbricht,
komm, komm eh der Tag anbricht.

Deines Glanzes Herrlichkeit
übertrifft die Sonne weit;
Du allein, Jesu mein,
bist, was tausend Sonnen sein,
bist, was tausend Sonnen sein.

Du erleuchtest alles gar,
was jetzt ist und kommt und war;
voller Pracht wird die Nacht,
weil dein Glanz sie angelacht,
weil dein Glanz sie angelacht.

Deinem freudenreichen Strahl
wird gedienet überall;
schönster Stern, weit und fern
ehrt man dich als Gott den Herrn,
ehrt man dich als Gott den Herrn.

Ei nun, güldnes Seelenlicht,
komm herein und säume nicht.
Komm herein, Jesu mein,
leucht in meines Herzens Schrein,
leucht in meines Herzens Schrein.

Klaus Roos, in: Aus Betlehem ist nicht mehr fern. Ein Adventskalenderbuch für stille Stunden. 2015. topos taschenbuch 1031, Seite 44–47.

Hermann Multhaupt: Warum es in Irland „vier Heilige Drei Könige gibt“

Irland liegt am Rande der im frühen Mittelalter bekannten Welt. Der geistige, der kulturell Austausch mit dem Kontinent brauchte längere Zeit und Wege als innerhalb des heutigen Europa. Doch die wissenschaftlich arbeitenden Mönche kannten die griechische, die lateinische und die hebräische Sprache, wenn sie zunächst auch kein einziges Werk der klassichen griechischen Literatur besaßen. Allerdings scheinen sie im übrigen Westen sonst nicht bekannte Texte griechischer Kirchenväter in lateinischer Übersetzung benutzt zu haben. Vielleicht existierte irgendwo sogar eine Grammatik. Das griechische Alphabet diente des Skriptoren zuweilen als Festschrift. Im Buch von Armagh (um 807) ist das Vaterunser in lateinischer Sprache, aber in griechischen Lettern überliefert.

Die Mönche bemühten sich, die griechische Sprache zu kennen und ebenso des Hebräischen mächtig zu sein. Denn beide zählten mit dem Lateinischen zu den heiligen drei Sprachen, in denen die Inschrift am Kreuz Christi verfasst worden wat. Die Bucherschreiber kopierten daher bedeutende Texte in allen drei Sprachen, wobei es aus Mangel an fundierten Griechisch- und Hebräisch-Kenntnissen mitunter sehr fantastisch zugegangen sein mag.

So tragen wahrscheinlich die irischen Bibeldeuter die Verantwortung dafür, dass die Weisen aus dem Morgenland als „Heilige Drei Könige“ in die Geschichte eingingen, obgleich das Evangelium ihre Zahl nicht näher bestimmt. Nach ihrer griechischen, hebräischen und lateinischen Version nannten die

Iren die Magier oder Sterndeuter Aspar, Melchio und Batisara. Daraus hat die Legende die Namen Kaspar, Melchior und Balthasar geformt.

Für die Wahrscheinlichkeit, dass es sich bei den „Heiligen Drei Königen“ vermutlich gar nicht um drei Weise gehandelt hat, spricht auch eine Darstellung auf dem Muiredachkreuz von Monasterboice, wo vier Menschen dem göttlichen Kind huldigen – möglicherweise symbolhaft für die vier Himmelsrichtungen, aus denen die Völker sich dem Erlöser der Welt nahen dürfen.

Aus Hermann Multhaupt: Möge die Straße dir entgegeneilen. Eine meditative Entdeckungsreise durch Irland. 2015. topos taschenbuch 1015, Seite 96–97.

Christa Spilling-Nöker: Ein Zuhause

Ich wünsche dir,
dass du dann und wann
einem Menschen begegnest,
der dich durch seine Augen
in seine Seele eintreten lässt,
dem du dich vertraut fühlst,
vom Augenblick der Begegnung an,
der dich in deiner Tiefe berührt
und das lähmende Gleichmaß
deiner Alltäglichkeiten

in eine sprudelnde Quelle
verwandelt,
aus der heraus du
neues Leben schöpfst.
Ich wünsche dir,
dass du in seiner Nähe
Geborgenheit erfährst
und dass dir seine Liebe
ein Zuhause gibt.

Aus Christa Spilling-Nöker: Ich schenke dir ein gutes Wort. Ermutigungen und Segensworte. 2015. *topos taschenbuch* 1012, *Seite* 21.

Zu den Autoren

Reinhard Abeln, geb. 1938; Studium der Philosophie, Psychologie und Pädagogik (Dr. phil.); Redakteur i. R., Referent in der Erwachsenenbildung und Autor zahlreicher Veröffentlichungen, unter anderem zu biblischen Themen.

Michael Albus, geb. 1942, Studium der Germanistik und Theologie (Dr. theol.); Journalist und Autor zahlreicher Bücher; langjähriger Leiter der Hauptredaktion Kinder, Jugend, Familienleben beim ZDF, zurzeit Honorarprofessor für Religionsdidaktik der Medien in Freiburg i. Br.

Norbert Arntz, geb. 1943; Studium der Theologie (Dr. theol.), Priester des Bistums Münster; von 1983 bis 1989 „weltkirchliche Lehrzeit" unter den Quechua-Indios in Peru. Arntz ist in Deutschland einer der wichtigsten Vertreter der Theologie der Befreiung.

Arnold Benz, geb. 1945, Studium der Physik, ist Professor für Astronomie und Astrophysik an der Eidgenössischen Technischen Hochschule (ETH) in Zürich. Beschäftigt sich mit den Fragen nach Ursprung, Sinn und Ziel von Kosmos und Leben.

Otto Betz, geb. 1927, Studium der Theologie (Dr. theol.), war Professor für Allgemeine Erziehungswissenschaft und Religionspädagogik an der Universität Hamburg. Er ist Autor zahlreicher Bücher zu Spiritualität, Mythologie und Symbolkunde sowie gefragter Referent.

Leonardo Boff, geb. 1938 in Brasilien, war Professor für Systematische Theologie in Petrópolis und Professor für Ethik in Rio de Janeiro. Er ist einer der bedeutendsten Vertreter der lateinamerikanischen Theologie der Befreiung. 2001 erhielt er den sog. Alternativen Nobelpreis.

James Brockman ist US-amerikanischer Jesuit. Der profunde Lateinamerika-Kenner hatte intensive Begegnungen und Gespräche mit Erzbischof Romero und gilt als der kompetenteste Kenner der Person und des Lebenswerks des Märtyrer-Bischofs.

Aloys Butzkamm, geb. 1935, Studium der Archäologie, Alte Geschichte, Theologie, Psychologie und Kunstgeschichte (Dr. phil.). Er arbeitete als Seelsorger und Dozent unter anderem in Paderborn, Trier und Jerusalem.

Dionysius Areopagita ist ein Pseudonym hinter dem wahrscheinlich ein syrischer Mönch oder ein Bischof um das Jahr 500 steckt. Die gesamte mystische Tradition des christlichen Abendlands ist ohne seine Texte nicht denkbar.

Christian Feldmann, geb. 1950, Studium der Theologie (Dipl.-Theol.), lebt als freier Journalist und Schriftsteller in Regensburg. Seine zahlreichen Bücher, vor allem Lebensbeschreibungen, sind Bestseller geworden.

Monika Fink-Lang, Studium der Geschichte (Dr. phil.), ist freiberuflich tätig; Arbeiten zur Geistesgeschichte des Mittelalters und des Humanismus und zu Joseph von Görres; zuletzt Herausgabe der Briefe von Joseph Görres.

Hermann-Josef Frisch, geb. 1947, Priester des Erzbistums Köln. Er ist einem breiten Publikum durch zahlreiche Veröffentlichungen zum Religionsunterricht und zur Gemeindekatechese sowie von Gebets-, Glaubens- und Geschenkbüchern bekannt.

Mahatma Gandhi, 1869–1948, Studium der Rechtswissenschaften in London. Danach war er als Anwalt tätig und kämpfte ab 1915 nach den Prinzipien des gewaltlosen Widerstands für die Unabhängigkeit Indiens. Wurde von einem fanatischen Hindu erschossen.

Khalil Gibran, 1883–1931, Sohn maronitischer (christlicher Eltern), war ein Wanderer zwischen den Welten seiner libanesischen Heimat, Europa und Amerika. Mit dem „Propheten" gelang ihm 1923 ein Weltbestseller. Er befasste sich vor allem mit arabischer Literatur und Geschichte.

Anselm Grün, geb. 1945, Studium der Theologie (Dr. theol.) ist Mönch der Benediktiner-Abtei Münsterschwarzach und dort Cellerar. Er ist der bekannteste spirituelle Autor in Deutschland. Seine Bücher sind Bestseller. Für viele Menschen, unabhängig von ihrer Konfession, ist er Ratgeber und spiritueller Wegbegleiter.

Gerhard Hartmann, siehe dazu Angaben auf dem Rückentext.

Gregor Maria Hoff, geb. 1964, Studium der Theologie (Dr. theol.), Professor für Fundamentaltheologie und Ökumenische Theologie an der Universität Salzburg. Zahlreiche Veröffentlichungen, vor allem zur Gottesfrage, Religionskritik, Theologie der Offenbarung und Ekklesiologie.

Josef Imbach, geb. 1945, Studium der Theologie (Dr. theol. habil.), ist Verfasser zahlreicher Bücher über Lebens- und Glabensfragen. Bis zum Entzug seiner Lehrerlaubnis im Jahr 2002 war er Professor für Fundamentaltheologie und der Päpstlichen theologischen Fakultät S. Bonaventura in Rom. 2005 erhielt Imbach den Preis der Herbert-Haag-Stiftung für Freiheit in der Kirche.

Alois Kothgasser, geb. 1937, Eintritt in den Orden der Salesianer Don Boscos (SDB) und Studium der Theologie (Dr. theol.), war ab 1982 Professor für Dogmatik an der Salesianerhochschule Benediktbeuern. 1997 bis 2003 war er Bischof von Innsbruck, im Anschluss daran bis 2013 Erzbischof von Salzburg.

Selma Lagerlöf, 1858–1940, ist eine der bekanntesten Schriftstellerinnen Schwedens. Als erste Frau überhaupt erhielt sie 1909 den Nobelpreis für Literatur. Berühmt wurde sie vor allem durch ihre Erzählung „Die wundersame Reise des Nils Holgersson mit den Wildgänsen“.

Hans Maier, geb. 1931, Studium der Geschichte, Philosophie, Germanistik und Romanistik (Dr. phil.). 1962 wurde er zum Professor für Politische Wissenschaften an der Universität München ernannt. Von 1970 bis 1986 war er bayerischer Staatsminister für Unterricht und Kultus, 1976 bis 1988 Präsident des Zentralkomitees der deutschen Katholiken und von 1988 bis 1999 Inhaber des Romano-Guardini-Lehrstuhls an der Universität München.

Hermann Multhaupt, geb. 1937, war Chefredakteur der Kirchenzeitung „Der Dom“ des Bistums Paderborn. Er begleitete unter anderem Reisegruppen durch Irland, Rom und Santiago de Compostela und ist Autor zahlreicher Bücher.

Rainer Maria Rilke, 1875–1926, österreichischer Schriftsteller (Lyriker) und einer der bedeutendsten Dichter der literarischen Moderne.

Klaus Roos, geb. 1953, Studium der Theologie (Dr. theol.), Pastoraltheologe und Gemeindeberater in Würzburg.

Bernardin Schellenberger geb. 1944, lebte von 1966 bis 1983 als Mönch (unter anderem Prior und Novizenmeister) in der Trappistenabtei Mariawald/Eifel. Von 1983 bis 1991 wirkte er als Gemeindeseelsorger. Seit 1991 ist er verheiratet und Autor zahlreicher Bücher zu Spiritualität und geistlichem Leben.

Rudolf Schermann, geb. 1932 in der Türkei, der Vater war katholisch, die Mutter Muslimin, Priesterweihe in Ungarn, 1956 Flucht nach Österreich, wo er als Seelsorger wirkte. Erfolgsautor unter dem Pseudonym Gerd Hamburger (1969 Katholische Priesterehe und der Tod eines Tabus, 45.000 Exemplare; 1971 Das kleine gelbe Schülerbuch, 36.000 Exemplare; Verfolgte Christen, 10.000 Exemplare). Herausgeber der Zeitschrift „Kirche in“.

Edmund Schlink, Dr. theol., 1903–1984, evangelischer Theologe, Professor für Systematische Theologie in Heidelberg. Er nahm für die reformierte Kirche als Beobachter am Zweiten Vatikanischen Konzil teil. Seine „Ökumenische Dogmatik" gilt bis heute als Standardwerk.

Georg Schwikart, geb. 1964, Studium der Religionswissenschaft, Theologie und Volkskunde (Dr. phil.), erfolgreicher Autor zu religiösen Themen.

Clemens Sedmak, geb. 1971, Studium der Theologie (Dr. theol.), hat den F. D. Maurice Lehrstuhl für Sozialethik am King's College der Universität London inne. Er leitet das Zentrum für Ethik und Armutsforschung der Universität Salzburg, das sich mit den Grundfragen gesellschaftlichen Zusammenlebens beschäftigt.

Christa Spilling-Nöker, geb. 1950, Dr. phil., Pfarrerin und Religionslehrerin der Badischen Landeskirche a. D.; Autorin zahlreicher Bücher.

Samuel Vollenweider, geb. 1953, seit 2000 Professor für Neues Testament an der Evangelisch-Theologischen Fakultät der Universität Zürich.

Herbert Vorgrimler, 1929-2014, Studium der Theologie (Dr. theol.). Als Schüler Karl Rahners folgte er ihm auf dem Lehrstuhl für Dogmatik und Dogmengeschichte an der Universität Münster nach. Der Theologe mit Weltruf hat zahlreiche Glaubensbücher für einfache Christen verfasst.

Bernhard Welte, 1906–1983, war einer der bedeutendsten Religionsphilosophen des 20. Jahrhunderts. Er lehrte in Freiburg i. Br. Mit Martin Heidegger verband ihn eine intensive philosophische Freundschaft. Seine Veröffentlichungen sind immer noch Standardwerke des religiösen Denkens, vor allem seine vielbeachtete „Religionsphilosophie".

Verzeichnis der ab 2008 erschienenen Bände

Stand 31. Januar 2016

Aktuelle Themen

Norbert Arntz
Der Katakombenpakt. Für eine dienende und arme Kirche
224 Seiten, 2015, Band 1037,
ISBN 978-3-8367-1037-4

Walbert Bühlmann
Die Zeit des Regenbogens. Glauben – eine Utopie die trägt
176 Seiten, 2013, Band 847,
ISBN 978-3-8367-0847-0

Günter Ewald
Nahtoderfahrungen. Hinweise auf ein Leben nach dem Tod
144 Seiten, 5. Auflage 2009, Band 591,
ISBN 978-3-8367-0591-2

Josef Gelmi
Papst Franziskus – eine Revolution von oben. Ein Gegenbild zur Vergangenheit
224 Seiten, 2014, Band 882,
ISBN 978-3-8367-0882-1

Gerhard Hartmann
Wählt die Bischöfe. Ein Vorschlag zur Güte und zur rechten Zeit
192 Seiten, 2010, Band 716,
ISBN 978-3-8367-0716-9

Gerhard Hartmann / Jürgen Holtkamp
Die Kirche und das liebe Geld. Fakten und Hintergründe
312 Seiten, 2015, premium,
ISBN 978-3-8367-0001-6

Martha Heizer / Peter Hurka (Hg.)
Mitbestimmung und Menschenrechte. Plädoyer für eine demokratische Kirchenverfassung
304 Seiten, 2011, Band 763,
ISBN 978-3-8367-0763-3

Jürgen Holtkamp
Flüchtlinge und Asyl. Herausforderungen für uns alle
ca. 160 Seiten, 2016, premium,
ISBN 978-3-8367-0008-5

Andreas Illa / Stephan Leimgruber
Von der Kirche im Stich gelassen? Aspekte einer neuen Sexualpädagogik
128 Seiten, 2010, Band 747,
ISBN 978-3-8367-0747-3

Stephan Leimgruber
Feinde oder Freunde. Wie können Christen und Muslime miteinander umgehen
208 Seiten, 2008, Band 648,
ISBN 978-3-8367-0648-3

Otto Hermann Pesch
Gottes Kirche für den Menschen. Erwartungen – Forderungen – Träume
120 Seiten, 2011, Band 783,
ISBN 978-3-8367-0783-1

Anton Rotzetter (Hg.)
Franziskus – ein Name als Programm
240 Seiten, 2013, Band 863,
ISBN 978-3-8367-0863-0

Klaus Schäfer
Hirntod. Medizinische Fakten – diffuse Ängste – Hilfen für Angehörige
120 Seiten, 2014, Band 879,
ISBN 978-3-8367-0879-1

Reiner Sörries
Öffentliches Sterben. Ein Plädoyer für Intimität
192 Seiten, 2014, Band 867,
ISBN 978-3-8367-0867-8

Christian Troll
Muslime fragen, Christen antworten
176 Seiten, 3. Auflage 2015, Band 1044,
ISBN 978-3-8367-1044-2

Paul M. Zulehner
Kirche umbauen, nicht totsparen
120 Seiten, 2009, Band 687,
ISBN 978-3-8367-0687-2

Geschenk

Reinhard Abeln
Zum Glück gibt's Enkelkinder. Ein Lesebuch
144 Seiten, 2009, Band 683,
ISBN 978-3-8367-0683-4

Werner Bergengruen
Römisches Erinnerungsbuch
160 Seiten, 2012, Band 800,
ISBN 978-3-8367-0800-5

Otto Betz
Weiter als die letzte Ferne. Mit Rainer Maria Rilke die Welt meditieren
232 Seiten, 2015, Band 1014,
ISBN 978-3-8367-1014-5

Otto Betz
Freundschaften sind wie Heimat. Eine Einladung
120 Seiten, 2015, Band 1043,
ISBN 978-3-8367-1043-5

Otto Betz
Das Unscheinbare ist das Wunderbare. Spiritualität im Alltag
128 Seiten, 2011, Band 742,
ISBN 978-3-978-8367-0742-8

Khalil Gibran
Geheimnisse des Herzens. Worte wie Geschenke.
96 Seiten, 2015, Band 1032,
ISBN 978-3-978-8367-1032-9

Anselm Grün
Der Glaube der Christen
192 Seiten, 2015, premium,
ISBN 978-3-8367-0012-2

Anselm Grün
Einladung zum Leben
128 Seiten, 2012, Band 814,
ISBN 978-3-8367-0814-2

Anselm Grün
Lebe dein Leben
144 Seiten, 3. Aufl. 2011, Band 658,
ISBN 978-3-8367-0658-2

Gerhard Hartmann, Berthold Weckmann [Hg.]
Was mir heilig ist. Texte von Papst Franziskus, Selma Lagerlöf, Mahatma Gandhi, Leonardo Boff u. a.
ca. 160 Seiten, 2016, Band 1038,
ISBN 978-3-978-8367-1038-1

Papst Franziskus
Freude sei in euren Herzen. Ein Begleiter für jeden Tag
184 Seiten, 2015. premium,
ISBN 978-3-8367-0003-0

Kathleen Göbel
Tiere des Himmels. Weisheitsgeschichten aus dem Orient. Mit einem Vorwort von Rainer Hagencord
208 Seiten, 2013, Band 806,
ISBN 978-3-8367-0806-7

Anselm Grün
Gute Worte für das Leben
256 Seiten, 2015, premium,
ISBN 978-3-8367-0002-2

Anselm Grün
Gut mit sich selbst umgehen
104 Seiten, 4. Aufl. 2015, Band 721,
ISBN 978-3-8367-0721-3

Anselm Grün
Jeden Tag leben. Täglich ein Text
152 Seiten, 2011, Band 784,
ISBN 978-3-8367-0784-8

Gerhard Hartmann, Berthold Weckmann [Hg.]
Was mir gut tut. Texte von Papst Franziskus, Hildegard von Bingen, Romano Guardini, Franz Kardinal König, Fulbert Steffensky, Eugen Biser u. a.
152 Seiten, 2015, Band 901,
ISBN 978-3-978-8367-0901-9

Gerhard Hartmann (Hg.)
Lebens-Orte, Texte von Hildegard von Bingen, Johannes XXIII., Jörg Zink, Huub Osterhuis, Elisabeth Lukas, Leonard Boff u. a.
128 Seiten, 2014, Band 860,
ISBN 978-3-8367-0860-9

Gerhard Hartmann (Hg.)
Was mir Wert ist. Gedanken von Benedikt XVI., Mutter Teresa, Nikolaus Harnoncourt, Anselm Grün, Erwin Teufel u. a.
160 Seiten, 2011, Band 777,
ISBN 978-3-8367-0777-0

Erich Kock
Jeden Morgen weckt mich das Licht. Vom Älterwerden
96 Seiten, 2. Auflage 2009, Band 678,
ISBN 978-3-8367-0678-0

Sabine Meck/Dieter Voigt
Glück und Gelassenheit. Wege zu einem erfüllten Leben
176 Seiten, 2012, Band 780,
ISBN 978-3-978-8367-0780-0

Hermann Multhaupt (Hg.)
Möge Glück dein Herz erfüllen. Irische Segenswünsche
96 Seiten, 2013, Band 834,
ISBN 978-3-8367-0834-0

Gerhard Hartmann (Hg.)
Was mich trägt. Texte von Anselm Grün, Willi Hoffsümmer, Eugen Drewermann, Silja Walter, Elisabeth Lukas u. a.
160 Seiten, 2013, Band 831,
ISBN 978-3-8367-0831-9

Gerhard Hartmann (Hg.)
Mehr Hoffnung wagen. Gedanken und Texte, die Halt geben
144 Seiten, 2010, Band 702,
ISBN 978-3-8367-0702-2

Peter Kottlorz
Mehr als Alltag. Anstöße zum Leben
128 Seiten, 2013, Band 842,
ISBN 978-3-8367-0842-5

Vreni Merz
Glückliche Momente. Wenn Körper, Geist und Seele aufatmen
112 Seiten, 2014, Band 872,
ISBN 3-978-8367-0872-2

Hermann Multhaupt [Hg.]
Mögen Gottes Engel dich tröstend begleiten. Irische Segenswünsche für Zeiten des Abschieds
96 Seiten, 2015, Band 1034,
ISBN 978-3-8367-1034-3

Hermann Multhaupt (Hg.)
Zu Hause auf den Wegen der Welt. Vom Pilger und Unterwegssein
144 Seiten, 2014, Band 875,
ISBN 978-3-8367-0875-3

Hermann Multhaupt
Möge die Straße dir entgegeneilen. Eine meditative Entdeckungsreise durch Irland
128 Seiten, 2015, Band 1015,
ISBN 978-3-8367-1015-2

Hermann Multhaupt
Der Abend wirft sanfte Schatten. Gebete für die zweite Lebenshälfte
128 Seiten, 2010, Band 700,
ISBN 978-3-8367-0700-8

Susanne Sandherr / Dorothee Sandherr-Klemp (Hg.)
Bleibt ihr Engel, bleibt bei mir. Engelgedichte
128 Seiten, 2008, Band 654,
ISBN 978-3-8367-0654-0

Christa Spilling-Nöker
Ich schenke dir ein gutes Wort. Ermutigungen und Segensworte
96 Seiten, 2009, 2. Auflage 2015,
Band 1012, ISBN 978-3-8367-1012-1

Dieter Voigt / Sabine Meck
Von der Gelassenheit. Lebensziel und Weg
176 Seiten, 2008, Band 655,
ISBN 978-3-8367-0655-1

Berthold Weckmann [Hg.]
Pilgern ... dem Leben entgegen. Hermann Multhaupt, Andreas Drouve, Roland Breitenbach u. a.
144 Seiten, 2015, Band 1001,
ISBN 978-3-8367-1001-5

Lebenswissen – Lebenssinn

Reinhard Abeln
So gelingt das Leben. Schritte, die weiterhelfen
128 Seiten, 2009, Band 669,
ISBN 978-3-8367-0669-8

Reinhard Abeln
Schenk Liebe, und dein Leben hat Sinn. Gedanken – Beispiele – Impulse
128 Seiten, 2013, Band 839,
ISBN 978-3-8367-0839-5

Stefan Blarer
Die Kunst seelsorgerlicher Liebe. Plädoyer für einen erneuerten Zölibat
96 Seiten, 2012, Band 787,
ISBN 978-3-978-8367-0787-9

Heinrich Dickerhoff
Trau deiner Sehnsucht mehr als deiner Verzweiflung. Märchen zum Leben
128 Seiten, 2013, Band 843,
ISBN 978-3-8367-0843-2

Manfred Hanglberger
Sinnvoll leben. Das eigene Glückspotential verwirklichen
144 Seiten, 2010, Band 745,
ISBN 978-3-8367-0745-9

Manfred Hanglberger
Tränen, die heilen. Neue Wege der Trauerarbeit
160 Seiten, 2. Auflage 2010, Band 484,
ISBN 978-3-8367-0484-7

Alois Kothgasser / Clemens Sedmak
Geben und Vergeben. Von der Kunst neu zu beginnen
128 Seiten, 2014, Band 892,
ISBN 978-3-978-8367-0892-0

Elisabeth Lukas
Familienglück. Verstehen – Annehmen – Lieben
192 Seiten, 2. Auflage 2015, Band 812,
ISBN 978-3-8367-0812-8

Peter Bubmann / Bernhard Sill (Hg.)
Aufbrechen und Innehalten. Wege christlicher Lebenskunst
96 Seiten, 2010, Band 724,
ISBN 978-3-8367-0724-4

Manfred Hanglberger
Die Geburt des ICH. Wie die Seele „zur Welt kommt"
180 Seiten, 4. Auflage 2008, Band 354,
ISBN 978-3-8367-0354-3

Manfred Hanglberger
Fühle deine Seele
96 Seiten, 2010, Band 725,
ISBN 978-3-8367-0715-1

Alois Kothgasser/Clemens Sedmak
Jedem Abschied wohnt ein Zauber inne. Von der Kunst des Loslassens
152 Seiten, 2015, Band 1022

Alois Kothgasser / Clemens Sedmak
Quellen des Glücks. Von der Kunst des guten Lebens
144 Seiten, 2013, Band 846,
ISBN 978-3-8367-0846-3

Elisabeth Lukas
Aus Krisen gestärkt hervorgehen
160 Seiten, 2013, Band 818,
ISBN 978-3-8367-0818-0

Elisabeth Lukas
Was das Leben wertvoll macht. Impulse einer spirituellen Psychologie
144 Seiten, 2014, Band 865,
ISBN 978-3-8367-0865-4

Elisabeth Lukas
Vom Sinn des Augenblicks. Hinführung zu einem erfüllten Leben
96 Seiten, 2014, Band 851,
ISBN 978-3-8367-0851-7

Wunibald Müller
Ekstase. Sexualität und Spiritualität
128 Seiten, 2. Auflage 2013, Band 306,
ISBN 978-3-8367-0306-2

Wunibald Müller
Vom Kusse seines Mundes trunken. Sexualität als Quelle der Spiritualität
96 Seiten, 2012, Band 858,
ISBN 978-3-8367-0802-9

Wunibald Müller
Liebe und Zölibat. Wie eheloses Leben gelingen kann
160 Seiten, 2. Auflage 2012, Band 772,
ISBN 978-3-8367-0772-5

Wunibald Müller
Auf der Suche nach der verlorenen Seele
200 Seiten, 2. Auflage 2015, Band 1019,
ISBN 978-3-8367-1019-0

Elisabeth Lukas
Rendezvous mit dem Leben. Ermutigungen für die Zukunft
192 Seiten, 2015, Band 890,
ISBN 978-3-978-8367-0890-6

Wunibald Müller
Ekstase. Sexualität und Spiritualität
128 Seiten, 2. Auflage 2013, Band 306,
ISBN 978-3-8367-0306-2

Wunibald Müller
Intimität. Vom Reichtum ganzheitlicher Begegnung
112 Seiten, 2013, Band 858,
ISBN 978-3-8367-0858-9

Wunibald Müller
Größer als alles aber ist die Liebe. Für einen ganzheitlichen Blick auf Homosexualität
112 Seiten, 2014, Band 896,
ISBN 978-3-978-8367-0896-8

Wunibald Müller
Trau deiner Seele
144 Seiten, 2. Auflage 2016, Band 1030,
ISBN 978-3-8367-1030-5

Inge Patsch
Die Logik des Herzens. Vertrauen in das Leben gewinnen
120 Seiten, 2014, Band 893,
ISBN 978-3-8367-0893-7

Inge Patsch/Sebastian J. Schmidt
Mehr als glücklich. Den Sinn des Lebens entdecken mit Viktor E. Frankl
ca. 144 Seiten, 2016, Band 1040,
ISBN 978-3-8367-1040-4

Richard Rohr, Wasilios E. Fthenakis u. a.
Vater, Sohn und Männlichkeit. Wie der Mann zum Mann wird
128 Seiten, 2. Auflage 2011, Band 661,
ISBN 978-3-8367-0661-2

Johann Michael Sailer
Tröstendes Wort. Kleine Krankenbibel. Hg. von Konrad Baumgartner
176 Seiten, 2011, Band 764,
ISBN 978-3-8367-0764-0

Hans Schaller
Wie finde ich meinen Weg. Eine christliche Lebenshilfe
144 Seiten, 2. Aufl. 2009, Band 580,
ISBN 978-3-8367-0580-6

Michael Seitlinger/Julia Höcht-Stöhr [Hg.]
Wie Zen-Meditation mein Christsein verändert. Erfahrungen von Zen-Lehrern
224 Seiten, 2016, Band 1039,
ISBN 978-3-8367-1039-8

Gerhard Wehr
Unterwegs zu sich selbst. Abenteuer Lebensmitte
152 Seiten, 2009, Band 704,
ISBN 978-3-8367-0704-6

Peter Wild
Finde die Stille. Spiritualität im Alltag
176 Seiten, 2014, Band 864,
ISBN 978-3-8367-0864-7

Peter Wild
Wer langsam geht, geht weit. Alternativen zur Überhohlspur
160 Seiten, 2011, Band 738,
ISBN 978-3-8367-0738-1

Spiritualität – Leben aus dem Glauben

Michael Albus [Hg.]
Taizé: Die Einfachheit des Herzens
144 Seiten, 2015, Band 1002,
ISBN 978-3-8367-1002-2

Eugen Biser
Glaubensbekenntnis und Vaterunser. Eine Neuauslegung
Band 873 / 192 Seiten, 2014, Band 873,
ISBN 978-3-8367-0873-9

Leonardo Boff
Franz von Assisi und die Liebe Gottes zu den Armen
144 Seiten, 2010, Band 715,
ISBN 978-3-8367-0715-2

Leonardo Boff
Die Transparenz der Dinge. Gott erfahren
120 Seiten, 2010, Band 696,
ISBN 978-3-8367-0696-4

Hubertus Brantzen
Mit Abraham und Sara auf den Spuren Gottes. Biblische Exerzitien im Alltag
160 Seiten, 2. Auflage 2010, Band 339,
ISBN 978-3-8367-0339-0

Thomas Broch
Leben üben. 7 x 7 Impulse für die Fastenzeit
96 Seiten, 2009, Band 673,
ISBN 978-3-8367-0673-4

Wilhelm Bruners
Das Gespräch mit dem Engel. Biblische Begegnungen
132 Seiten, 2002, 2. Aufl. 2015,
Band 441, ISBN 978-3-8367-0441-0

Monika Dorothea Brunst
Ich treff mich heute mit mir selbst. Vier Wochen für ein sinnvolles Leben
112 Seiten, 2008, Band 645,
ISBN 978-3-8367-0645.2

Christiane Bundschuh-Schramm
Segen wird es geben. 52 gute Wünsche für das Jahr
112 Seiten, 2008, Band 676,
ISBN 978-3-8367-0676-6

Andreas Drouve
Auf dem Jakobsweg. Pilgerstimmen
112 Seiten, 2010, Band 723,
ISBN 978-3-8367-0723-7

Andreas Drouve
Geheimnisse am Jakobsweg. Wundersame Legenden und mysteriöse Geschichten
128 Seiten, 2013, Band 816,
ISBN 978-3-8367-0816-6

Peter Dyckhoff
Aus der Quelle schöpfen. Das innerliche Gebet nach Teresa von Avila
192 Seiten, 2011, Band 753,
ISBN 978 3 8367 0753 4

Papst Franziskus
Habt keine Angst vor der Güte. Die ersten Worte des neuen Papstes
Band 876 / 112 Seiten, 2014, Band 876,
ISBN 978-3-8367-0876-0

Gisbert Greshake
Hören auf den Ruf und geistliches Unterscheiden
109 Seiten, 2012, Band 819,
ISBN 978-3-8367-0819-7

Rudolf Hagmann (Hg.)
Ich bin ganz Weg. Pilgernd unterwegs
144 Seiten, 2011, Band 754,
ISBN 978-3-8367-0754-1

Markus Hofer
Franziskus für Männer. Was uns der Mann aus Assisi zu sagen hat
144 Seiten, 2013, Band 861,
ISBN 978-3-8367-0861-6

Ludger Hohn-Morisch (Hg.)
365 Gedanken zur Guten Nacht
160 Seiten, 2011, Band 755, 160 Seiten
ISBN 978-3-8367-0755-8

Ludger Hohn-Morisch (Hg.)
Jahreszeiten des Lebens – Sommer. Zeit für Herz und Sinne
128 Seiten, 2010, Band 727,
ISBN 978-3-8367-0727-5

Ludger Hohn-Morisch (Hg.)
Jahreszeiten des Lebens – Winter. Kraft der Stille
128 Seiten, 2010, Band 729,
ISBN 978-3-8367-0729-9

Jochen Jülicher
Gut für die Seele. Biblische Heilung – für Anfänger und Fortgeschrittene
ca. 128 Seiten, 2015, Band 891, 978-3-978-8367-0891-3

Waltraud Herbstrith (Hg.)
Edith Stein – Aus der Tiefe leben. Ein Textbrevier
208 Seiten, 2. Auflage 2013, Band 583,
ISBN 978-3-8367-0583-7

Willi Hoffsümmer (Hg.)
365 x Rückenwind. Ermutigungen für jeden Tag
224 Seiten, 2012, Band 809,
ISBN 978-3-8367-0809-8

Ludger Hohn-Morisch (Hg.)
Jahreszeiten des Lebens – Frühling. Vom Zauber das Anfangs
128 Seiten, 2011, Band 726,
ISBN 978-3-8367-0726-8

Ludger Hohn-Morisch (Hg.)
Jahreszeiten des Lebens – Herbst. Lebens aus der Fülle
128 Seiten, 2010, Band 728,
ISBN 978-3-8367-0728-2

Johannes XXIII.
Das Herz muß voll Liebe sein. Gedanken für jeden Tag. Mit einem Beitrag von Herbert Vorgrimler
176 Seiten, 2013, Band 836,
ISBN 978-3-8367-0836-4

Franz Kardinal König
Woher komme ich? Wohin gehe ich? Anregungen für einen Weg der Hoffnung
256 Seiten, 2014, Band 880,
ISBN 978-3-8367-0880-7

Helmut Krätzl
Gott aber ist anders. Über Leiden, Tod und Auferstehung
112 Seiten, 2011, Band 758,
ISBN 978-3-8367-0758-9

Erich Läufer
Kleine Leute im Neuen Testament
112 Seiten, 2. Auflage 2010, Band 713,
ISBN 978-3-8367-0713-8

Willi Lambert
Aus Liebe zur Wirklichkeit. Grundworte ignatianischer Spiritualität
197 Seiten, 8. Auflage 2008, Band 367,
ISBN 978-3-8367-0367-3

Carlo Maria Martini
Weil ihr Zeugen Christi seid
160 Seiten, 2010, Band 718,
ISBN 978-3-8367-0718-3

Nikolaus Nonn
Tage im Kloster
96 Seiten, 2011, Band 773,
ISBN 978-3-8367-0773-2

Hans Schaller
Verbirg nicht dein Gesicht vor mir. Vom christlichen Bitten un Klagen
104 Seiten, 2014, Band 859,
ISBN 978-3-8367-0859-3

Martina Kreidler-Kos/Niklaus Kuster
Christus auf Augenhöhe. Das Kreuz von San Damiano
128 Seiten, 3. Auflage 2011, Band 664,
ISBN 978-3-8367-0664-3

Willi Lambert
Gott umarmt uns durch die Wirklichkeit
128 Seiten, 2010, Band 731,
ISBN 978-3-8367-0731-2

Leonhard Lehmann (Hg,)
Das Erbe eines Armen. Franziskus-Schriften
200 Seiten, 2. Auflage 2013, Band 464,
ISBN 978-3-8367-0464-9

Claudia Nietsch-Ochs
Wenn ich in meinem Garten bin. Gottesspuren im Grünen
104 Seiten 2010, Band 717,
ISBN 978-3-8367-0717-6

Henrike Rick [Hg.]
Mahatma Gandhi. Mein Glaube ist Gewaltlosigkeit
112 Seiten, 2015, Band 1016,
ISBN 978-3-8367-1016-9

Hans Schaller
Im Labyrinth meines Lebens. Von Umwegen, die weiterführen
104 Seiten, 2011, Band 756,
ISBN 978-3-8367-0756-5

Hans Schaller
Wenn Vergeben schwer fällt
101 Seiten, 2. Auflage 2013, Band 307,
ISBN 978-3-8367-0307-9

Mirjam Schambeck / Andrea Six
Von der Sehnsucht bewegt. Ihr Begleiter durch die Fasten- und Osterzeit
128 Seiten, 2014, Band 856,
ISBN 978-3-8367-0856-2

Bernhardin Schellenberger
Ein anderes Leben. Was ein Mönch erfährt
112 Seiten, 2015, Band 1003,
ISBN 978-3-8367-1003-9

Helmut Schlegel
Ich bin das Feuer, und du bist der Wind. Biblische Meditationen zum Werden und Wachsen des inneren Menschen
112 Seiten, 2008, Band 663,
ISBN 978-3-8367-0663-6

Fulbert Steffensky
Das Haus, das die Träume verwaltet. Von der Schönheit tradierter Glaubensformen
184 Seiten, 2014, Band 871,
ISBN 978-3-8367-0871-5

Josef Sudbrack (Hg.)
Das wahre Wort der Ewigkeit. Die Mystik Meister Eckharts
Band 885, 96 Seiten, 2014, Band 885,
ISBN 978-3-978-8367-0885-2

Hans Schaller / Dominik Terstriep
Vom Segen in alltäglichen Dingen
120 Seiten, 2. Auflage 2009, Band 609,
ISBN 978-3-8367-0609-4

Klemens Schaupp
Gott im Leben entdecken. Einführung in die geistliche Begleitung
192 Seiten, 2. Auflage 2011, Band 565,
ISBN 978-3-8367-0565-3

Bernardin Schellenberger
Spirituelle Wendezeit. Grundlinien einer neuen Lebenskultur
ca. 144 Seiten, 2015, Band 902,
ISBN 978-3-978-8367-0901-9

Dorothee Sölle
Gottes starke Töchter. Große Frauen in der Bibel
104 Seiten, 2. Auflage 2012, Band 688,
ISBN 978-3-8367-0688-9

Pierre Stutz
Vertrauenstüren öffnen
ca. 96 Seiten. 2016, Band 1035,
ISBN 978-3-8367-1035-0

Martin Tamcke
Achtsamkeit in jedem Atemzug. Einführung in die ostkirchliche Spiritualität
128 Seiten, 2. Aufl. 2015, Band 616,
ISBN 978-3-8367-0616-2

Silja Walter
Das Herz betet von selbst. Glaubenserfahrung
80 Seiten, 2012, Band 804,
ISBN 978-3-8367-0804-3

Silja Walter
Tanzen heißt auferstehen. Letztes Tagebuch
Band 894, 72 Seiten, 2014, Band 894,
ISBN 978-3-978-8367-0894-4

Ansgar Wiedenhaus
Immer wieder neu anfangen dürfen. Ermutigung und Zuspruch im Sakrament erfahren
104 Seiten, 2010, Band 710,
ISBN 978-3-8367-0710-7

Jörg Zink
Friede ist in meiner Seele. Täglich ein Text
160 Seiten, 2012, Band 822,
ISBN 978-3-8367-0822-7

Silja Walter/Liliane Juchli/Michaela Puzicha
Jemandsland. Der Heilsweg der Menschen
88 Seiten, 2014, Band 877,
ISBN 978-3-8367-0877-7

Bernhard Welte
Das Licht des Nichts. Von der Möglichkeit neuer religiöser Erfahrung
96 Seiten, 2015, Band 1027,
ISBN 978-3-8367-1027-5

Saskia Wendel
Christliche Mystik. Eine Einführung
136 Seiten, 2. Auflage 2011, Band 527,
ISBN 978-3-8367-0527-1

Paul M. Zulehner
Leibhaftig glauben. Lebenskultur nach dem Evangelium
96 Seiten, 2008, Band 659,
ISBN 978-3-8367-0659-9

Spirituelle Texte – Gebet – Meditation

Reinhard Abeln
Freut euch zu jeder Zeit! Gedanken von Mutter Teresa, Franziskus, Hildegard von Bingen, Paul Gerhardt u. a.
96 Seiten, 2011, Band 779,
ISBN 978-3-8367-0779-4

Reinhard Abeln (Hg.)
Gebete des Herzens
128 Seiten, 2011, Band 750,
ISBN 978-3-8367-0750-3

Gabrielle Bossis
Er und ich. Geistliches Tagebuch I
107 Seiten, 20. Auflage 2009, Band 607,
ISBN 978-3-8367-0607-0

Gabrielle Bossis
Er und ich. Geistliches Tagebuch III
152 Seiten, 2007, Band 622,
ISBN 978-3-7867-8622-1

Dionysius Areopagita
Über alles Licht erhaben. Die Werke.
Übersetzt von Edith Stein
240 Seiten, 2015, Band 1009,
ISBN 978-3-8367-1009-4

Eugen Drewermann
Und legte ihnen die Hände auf. Predigten über die Wunder Jesu
192 Seiten, 2013, Band 844,
ISBN 978-3-8367-0844-9

Eugen Drewermann
Spuren des Heils. Meditationen
120 Seiten, 2016, Band 1033,
ISBN 978-3-8367-1033-6

Petra Fietzek
Ins eigene Leben geschrieben.
Psalmen für heute
88 Seiten, 2012, Band 823,
ISBN 978-3-8367-0823-4

Gabrielle Bossis
Er und ich. Geistliches Tagebuch II
96 Seiten, 13. Auflage 2012, Band 608,
ISBN 978-3-8367-0608-7

Madeleine Delbrêl
Gott einen Ort sichern. Texte – Gedichte – Gebete. Hg. von Annette Schleinzer
168 Seiten, 3. Auflage 2015, Band 734,
ISBN 978-3-8367-0734-3

Eugen Drewermann
Leise von Gott reden. Meditationen
144 Seiten, 2014, Band 895,
ISBN 978-3-978-8367-0895-1

Eugen Drewermann
Wenn der Himmel die Erde berührt. Meditationen zu den Gleichnissen Jesu
248 Seiten, 2012, Band 803,
ISBN 978-3-8367-0803-6

Luis Espinal
Und haben nur einen Sinn, wenn wir brennen. Gebete hautnah
96 Seiten, 2008, Band 649,
ISBN 978-3-8367-0649-0

Wilhelm Gössmann
Ohne Religion kein Beten? Gebete – Reflexionen – Verinnerlichen
128 Seiten, 2008, Band 657,
ISBN 978-3-8367-0657-5

Waltraud Herbstrith
Verweilen vor Gott. Mit Teresa von Avila, Johannes vom Kreuz und Edith Stein
106 Seiten, 2. Auflage 2008, Band 402,
ISBN 978-3-8367-0402-1

Thomas von Kempen
Die Nachfolge Christi. Herausgegeben und erläutert von Josef Sudbrack SJ
176 Seiten, 2. Auflage 2010, Band 320,
ISBN 978-3-8367-8320-8

Leonhard Lehmann (Hg.)
Franziskus-Gebete
96 Seiten, 2011, Band 751,
ISBN 978-3-8367-0751-0

Meister Eckhart
Vom Trost Gottes. Mit einer Einführung von Leonardo Boff
120 Seiten, 2015, Band 1010,
ISBN 978-3-8367-1010-7

Huub Oosterhuis
Du Freund Gott. Lieder – Gebete – Essays
96 Seiten, 2013, Band 838,
ISBN 978-3-8367-0838-8

Margareta Porete
Der Spiegel der einfachen Seelen. Mystik der Freiheit. Hg. von Louise Gnädinger
296 Seiten, 2010, Band 719,
ISBN 978-3-978-8367-0719-0

Franz Jalics
Lernen wir beten
112 Seiten, 3. Auflage 2011, Band 564,
ISBN 978-3-8367-0564-6

Roswitha Kornprobst (Hg.)
Beten mit Mutter Teresa
80 Seiten, 2010, Band 711,
ISBN 978-3-8367-0711-4

Meister Eckhart
Lass Gott in dir wirken. Gedanken für jeden Tag. Hg. von Bardo Weiß
128 Seiten, 2010, Band 712,
ISBN 978-3-978-8367-0712-1

Lukas Niederberger
Kleine Bet-Lektüre. Eine Anleitung für Gläubige, Suchende und Zweifler
169 Seiten, 2014, Band 863,
ISBN 978-3-8367-0863-8

Otto Hermann Pesch
Sprechender Glaube. Heute beten
144 Seiten, 2013, Band 827,
ISBN 978-3-8367-0827-2

Franz von Sales
Philothea. Anleitung zum religiösen Leben. Übersetzt und herausgegeben von Otto Karrer
228 Seiten, 3. Auflage 2011, Band 329,
ISBN 978-3-8367-0329-1

Walburga Storch (Hg.)
Gebete der hl. Hildegard von Bingen. Mit einer Einführung von Caecilia Bonn OSB
112 Seiten, 2012, Band 820,
ISBN 978-3-8367-0820-3

Die Wüstenväter
Sag mir ein gutes Wort. Gedanken für jeden Tag. Ausgewählt und herausgegeben von Bonifaz Miller OSB
Band 796, 2012, 112 Seiten,
ISBN 978-3-8367-0796-1

Lothar Zenetti
Leben liegt in der Luft. Worte der Hoffnung
128 Seiten, 2014, Band 874,
ISBN 978-3-8367-0874-6

Lothar Zenetti
In Seiner Nähe. Texte des Vertrauens
168 Seiten, 2015, Band 1018,
ISBN 978-3-8367-1018-3

Tod und Trauer – Trost und Hoffnung

Leonardo Boff
Was kommt nachher? Das Leben nach dem Tode
160 Seiten, 2009, Band 690,
ISBN 978-3-8367-0690-2

Johannes Brantschen
Leben vor und nach dem Tod. Die Hoffnung der Christen
128 Seiten, 2010, Band 699,
ISBN 978-3-8367-0699-5

Claudia Cardinal
Trauerheilung. Ein Wegbegleiter
216 Seiten, 2011, Band 761,
ISBN 978-3-8367-0761-9

Angelika Daiker
Es wird wieder schön aber anders. Ein Buch für verwitwete Frauen
144 Seiten, 2. Auflage 2015, Band 748,
ISBN 978-3-8367-0748-0

Peter Fässler-Weibel (Hg.)
Wenn Eltern sterben
232 Seiten, 2. Auflage 2010, Band 522,
ISBN 978-3-8367-0522-6

Peter Fässler-Weibel (Hg.)
Wenn Kinder sterben
272 Seiten, 2008, Band 660,
ISBN 978-3-8367-0660-6

Peter Fässler-Weibel
Nahe sein in schwerer Zeit. Zur Begleitung von Angehörigen Sterbender
190 Seiten, 2. Auflage 2009, Band 412,
ISBN 978-3-8367-0412-0

Petra Gaidetzka
Es bleibt die Hoffnung. Zuspruch für Trauernde
112 Seiten, 2008, Band 675,
ISBN 978-3-8367-0675-9

Bernhard Langemeyer
Mit den Toten leben. Vom Leben der Verstorbenen in unserer Erinnerung
96 Seiten, 2013, Band 850,
ISBN 978-3-8367-0850-0

Klaus Schäfer
Spuren kleiner Füße. Erst Hilfe nach dem Tod eines Kindes
144 Seiten, 2012, Band 775,
ISBN 978-3-978-8367-0775-6

Georg Schwikart
Jeder Tod hat sein Gelächter. Über das Verhältnis zweier eigentümlicher Brüder
112 Seiten, 2015, Band 1041,
ISBN 978-3-8367-1041-1

Georg Schwikart
Niemand geht ohne Spuren. Mit dem Tod leben
144 Seiten, 2011, Band 752,
ISBN 978-3-8367-0752-7

Herbert Vorgrimler
Und das ewige Leben. Amen. Christliche Hoffnung über den Tod hinaus
112 Seiten, 2014, Band 884,
ISBN 978-3-8367-0884-5

Edda Reschke
Mit Märchern trauern lernen
Band 425, 112 Seiten, 2. Auflage 2014,
Band 425,
ISBN 978-3-978-8367-0425-0

Iris Schürmann-Mock/Claudia Toll
Entdeckungsreisen ins Leben danach. Mit Beiträgen von Eugen Drewermann, Willigis Jäger u. a.
192 Seiten, 2015, Band 1005,
ISBN 978-3-8367-1005-3

Georg Schwikart
Tod und Trauer in den Weltreligionen
112 Seiten, 3. Auflage 2015, Band 605,
ISBN 978-3-8367-0605-6

Anne-Marie Vermaat
Liebes, du fehlst mir so. Sichtbare Trauer – spürbarer Trost
112 Seiten, 2009, Band 680,
ISBN 978-3-8367-0680-3

Religiöses Sachbuch

Michael Albus
Wo Gott zu Hause ist. Mystische Orte der Weltreligionen
144 Seiten, 2016, Band 1028,
ISBN 978-3-8367-1028-2

Wolfgang Beinert
Tod und jenseits des Todes
144 Seiten, 2. Auflage 2010, Band 355,
ISBN 978-3-8367-0355-0

Arnold Benz/Samuel Vollenweider
Würfelt Gott? Was Physik und Theologie einander zu sagen haben
280 Seiten, 2015, premium,
ISBN 978-3-8367-0009-2

Eckhard Bieger / Theo Hipp
Mut zum Ritual. Die Kunst des Feierns
128 Seiten, 2008, Band 666,
ISBN 978-3-8367-0666-7

Leonardo Boff
In ihm hat alles Bestand. Der kosmische Christus und die modernen Naturwissenschaften
ca. 160 Seiten, 2013, Band 833,
ISBN 978-3-8367-0833-3

Leonardo Boff
Geerdeter Glaube. Ausgewählte Texte
160 Seiten, 2013, Band 853,
ISBN 978-3-8367-0853-1

Aloys Butzkamm
Faszination Ikonen. Geschichte – Bildsprache – Spiritualität
240 Seiten, 16 Farbseiten, 2015,
Band 1023, ISBN 978-3-8367-1023-7

Christoph Dohmen / Thomas Hieke
Das Buch der Bücher. Die Bibel – Eine Einführung
208 Seiten, 4. Auflage 2012, Band 736,
ISBN 978-3-8367-0736-7

Thomas Eggensperger / Ulrich Engel (Hg.)
Dominikanerinnen und Dominikaner. Geschichte und Spiritualität
216 Seiten, 2010, Band 709,
ISBN 978-3-8367-0709-1

Ottmar Fuchs
Wer's glaubt, wird selig. Wer's nicht glaubt, kommt auch in den Himmel
ca. 192 Seiten, 2016, Band 1042,
ISBN 978-3-8367-1042-8

Rita Haub
Sonne, Mond und Sterne. Jesuiten als Entdecker
96 Seiten, 2008, Band 642,
ISBN 978-3-8367-0642-1

Hans Hermann Henrix
Judentum und Christentum. Gemeinschaft wider Willen
227 Seiten, 2. Auflage 2008, Band 525,
ISBN 978-3-8367-0525-7,

Gregor Maria Hoff
Religionskritik heute
160 Seiten, 2. Auflage 2009, Band 523,
ISBN 978-3-8367-0523-3

Getrud Hofmann / Werner Krebber
Die Beginen. Geschichte und Gegenwart
112 Seiten, 2. Auflage 2008, Band 530,
ISBN 978-3-8367-0530-1

Jana Jacobi
Scientology. Ein Blick hinter die Kulissen
144 Seiten, 3. Auflage 2010, Band 652,
ISBN 978-3-8367-0652-0

Stefan Kiechle
Jesuiten. Zwischen Klischee und Realität
96 Seiten, 2013, Band 848,
ISBN 978-3-8367-0848-7

Hans Hermann Henrix
Zuspruch aus fremden Quellen. Begegnungen mit Persönlichkeiten aus Judentum und Christentum
292 Seiten, 2012, Band 807,
ISBN 978-3-8367-0807-4

Gregor Maria Hoff
Ein anderer Atheismus. Spiritualität ohne Gott?
176 Seiten, 2015, Band 1020,
ISBN 978-3-8367-1020-6

Gregor Maria Hoff
Die neuen Atheismen. Eine notwendige Provokation
184 Seiten, 2009, Band 671,
ISBN 978-3-8367-0671-1

Josef Imbach
Die geheimnisvolle Welt der Klöster. Was Mönche und Nonnen zum Rückzug aus der Welt bewegt
256 Seiten, 2015, premium.
ISBN 978-3-8367-0006-1

Uwe Jochum
Der Urkonflikt des Christentums. Paulus – Petrus – Jakobus und die Entstehung der Kirche
120 Seiten, 2011, Band 757,
ISBN 978-3-8367-0757-2

Klosterführer. Christliche Stätten der Besinnung im deutschsprachigen Raum
ca. 280 Seiten, 2016, premium,
ISBN 978-3-8367-0011-5

Kurt Kramer
Die Glocke. Eine Kulturgeschichte
144 Seiten, 2. Auflage 2012, Band 597,
ISBN 978-3-8367-0597-4

Karl-Josef Kuschel
Keine Religion ist eine Insel. Vordenker des interreligiösen Dialogs
ca. 256 Seiten, 2016, premium,
ISBN 978-3-8367-0010-8

Martin Leitgöb
Dem Konzil begegnen. Prägende Persönlichkeiten des II. Vatikanischen Konzils. Mit einem Vorwort von Herbert Vorgrimler
186 Seiten, 2012, Band 815,
ISBN 978-3-8367-0815-9

Marcus C. Leitschuh (Hg.)
Das Herz sehnt sich nach Einheit. Hoffnungstexte zur Ökumene
144 Seiten, 2010, Band 695,
ISBN 978-3-8367-0695-7

Hans Maier
Menschenrechte. Eine Einführung in ihr Verständnis
176 Seiten, 2015, Band 887,
ISBN 978-3-978-8367-0887-6

Johann Baptist Metz
Zeit der Orden? Zur Mystik und Politik der Nachfolge
96 Seiten, 2014, Band 886,
ISBN 978-3-978-8367-0886-9

Martina Kreidler-Kos (Hg.)
Maria von Nazaret. Annäherungen
128 Seiten, 2014, Band 862,
ISBN 978-3-8367-0862-0

Ulrich Lehner
Mönche und Nonnen im Klosterkerker. Ein verdrängtes Kapitel Kirchengeschichte
176 Seiten, 2015, Band 1004,
ISBN 978-3-8367-1004-6

Marcus Leitschuh (Hg.)
Gewagte Aufbrüche. Beiträge zum Dialogprozess. Mit einem Vorwort von Erzbischof Robert Zollitsch und Wolfgang Glück
176 Seiten, 2012, Band 810,
ISBN 978-3-8367-0810-4

Peter Lüning
Ökumene in kleinen Schritten. Unterwegs zur Einheit der Christen
168 Seiten, 2. Auflage 2010, Band 357,
ISBN 978-3-8367-0357-4

Hans Maier
Reisen durch die Zeit. Kritische Anmerkungen
192 Seiten, 2012, Band 782,
ISBN 978-3-978-8367-0782-4

Karl-Heinz Ohlig
Haben wir drei Götter? Vom Vater Jesu zum „Mysterium" der Dreifaltigkeit
Band 866 / 224 Seiten, 2014,
Band 866, ISBN 978-3-8367-0866-1

Johannes Oeldemann
Die Kirchen des christlichen Ostens. Orthodoxe, orientalische und mit Rom unierte Kirchen
224 Seiten, 3. Auflage 2011, Band 577,
ISBN 978-3-8367-0577-6

Simon und Claudia Paganini
Qumran. Zwischen Verschwörung und Archäologie
184 Seiten, 2010, Band 722,
ISBN 978-3-8367-0722-0

Otto Hermann Pesch
Kleines katholisches Glaubensbuch
28 Seiten, 16. bearb. und erw. Auflage 2009, Band 539,
ISBN 978-3-8367-0539-4

Heidi Rose / Brunhilde Steger / Gertrud Widmann (Hg.)
Wie Frauen das Leben bewegen. Texte von und zu Maria, Hildegard von Bingen, Elisabeth von Thüringen, Mutter Teresa, Simone Weil u. a.
144 Seiten, 2011, Band 743,
ISBN 978-3-8367-0743-5

Stefan Schlager
Die Weltreligionen. Ein Crash-Kurs
208 Seiten, 2012, Band 805,
ISBN 978-3-8367-0805-0

Christian Schütz – Philippa Rath (Hg.)
Der Benediktinerorden. Gott suchen in Gebet und Arbeit
256 Seiten, 2. Auflage 2009, Band 506,
ISBN 978-3-8367-0506-6

Simon und Claudia Paganini
Was glaubten die Menschen zur Zeit Jesu? Eine Einführung in das Alte Testamnt
224 Seiten, 2012, Band 808,
ISBN 978-3-8367-0808-1

Otto Hermann Pesch
Die Zehn Gebote
168 Seiten, 2011, Band 790,
ISBN 978-3-8367-0790-9

Otto Hermann Pesch
Das Zweite Vatikanische Konzil. Vorgeschichte – Verlauf – Ergebnisse – Nachgeschichte
448 Seiten, 4. Auflage 2012, Band 393,
ISBN 978-3-8367-0393-2

Bernardin Schellenberger
Aufstieg in die Weite. Stufen des Glaubens
176 Seiten, 2015, Band 1036,
ISBN 978-3-8367-1036-7

Edmund Schlink
Die Vision des Papstes. Erzählung
176 Seiten, 2015, premium,
ISBN 978-3-8367-0005-4

Maximilian Seefelder
Christliche Bräuche und Traditionen. Mehr Freude am Leben
184 Seiten, 2014, Band 878,
ISBN 978-3-8367-0878-4

Michaela Sohn-Kronthaler / Andreas Sohn
Frauen im kirchlichen Leben. Vom 19. Jahrhundert bis heute
160 Seiten, 2008, Band 672,
ISBN 978-3-8367-0672-8

Klaus Vellguth
Aktion T4 – Mord mit System. Das Euthanasieprogramm und die Geschichte eines Opfers. Mit einem Vorwort von Felix Genn, Bischof von Münster
160 Seiten, 2014, Band 870,
ISBN 978-3-8367-0870-8

Herbert Vorgrimler
Gott. Vater. Sohn und Heiliger Geist. Was Christen Glauben
128 Seiten, 2015, Band 1006,
ISBN 978-3-8367-1006-0

Herbert Vorgrimler
Wiederkehr der Engel? Ein altes Thema neu durchdacht
120 Seiten, 2. Auflage 2008, Band 653,
ISBN 978-3-8367-0653-0

Gerhard Voss
Astrologie christlich
160 Seiten, 2010, Band 706,
ISBN 978-3-8367-0706-0

Uwe Wolff
Welche Farbe hat die Himmelstür? Symbole der Weltreligionen für unsere Zeit gedeutet
160 Seiten, 2012, Band 786,
ISBN 978-3-8367-0786-2

Uwe Wolff
Der Mann aus Nazaret. Das Leben Jesu neu erzählt
ca. 160 Seiten, 2013, Band 832,
ISBN 978-3-8367-0832-6

Erich Zenger
Das Erste Testament. Die jüdische Bibel und die Christen
208 Seiten, 2012, Band 760,
ISBN 978-3-8367-0760-2

Biographien und Lebensbilder

Reinhard Abeln
Die heilige Barbara. Leben – Legenden – Bedeutung
96 Seiten, 2. Auflage 2015, Band 768,
ISBN 978-3-8367-0768-8

Reinhard Abeln
Bonifatius. Apostel der Deutschen
96 Seiten, 2009, Band 692,
ISBN 978-3-8367-0692-6

Reinhard Abeln
Der heilige Benedikt. Leben – Legenden – Bedeutung
96 Seiten, 2014, Band 845,
ISBN 978-3-8367-0845-6

Reinhard Abeln
Der heilige Franziskus. Leben – Legenden – Bedeutung
96 Seiten, 2. Auflage 2014, Band 821,
ISBN 978-3-8367-0821-0

Reinhard Abeln
Die heilige Katharina. Leben – Legenden – Bedeutung
96 Seiten, 2012, Band 826,
ISBN 978-3-8367-0826-5

Reinhard Abeln
Petrus und Paulus. Die Apostelfürsten
128 Seiten, 2015, Band 1008,
ISBN 978-3-8367-1008-4

Reinhard Abeln
Die Vierzehn Nothelfer. Ihr Leben und ihre Verehrung
144 Seiten, 2013, Band 840,
ISBN 978-3-8367-0840-1

Gisela Baltes/Gerhard Hartmann/ Maria Andrea Stratmann
Mit den Heiligen von Tag zu Tag
400 Seiten, 2011, Band 771,
ISBN 978-3-8367-0771-8

Reinhard Abeln
Der heilige Florian. Leben – Legenden – Bedeutung
96 Seiten, 2012, Band 798,
ISBN 978-3-8367-0798-5

Reinhard Abeln
Der heilige Hubertus. Leben – Legenden – Bedeutung
96 Seiten, 2013, Band 845,
ISBN 978-3-8367-0845-6

Reinhard Abeln
Der heilige Nikolaus. Leben – Legenden – Bedeutung
96 Seiten, 2011, Band 769,
ISBN 978-3-8367-0769-5

Reinhard Abeln
Der heilige Sebastian. Leben – Legenden – Bedeutung
96 Seiten, 2012, Band 797,
ISBN 978-3-8367-0797-8

Andreas-Pazifikus Alkofer
Antonius von Padua. Franziskaner auf Umwegen
184 Seiten, 2012, Band 822,
ISBN 978-3-8367-0822-7

Konrad Baumgartner (Hg.)
Johann Michael Sailer. Leben und Werk
176 Seiten, 2011, Band 749,
ISBN 978-3-8367-0749-7

Teresio Bosco
Don Bosco. Priester und Erzieher
304 Seiten, 2012, Band 792,
ISBN 978-3-8367-0792-3

James R. Brockman
Oscar Romero. Anwalt der Armen. Eine Biografie
440 Seiten, 2015, premium,
ISBN 978-3-8367-0007-8

Andreas Drouve
Der heilige Martin. Patron der Armen – Vorbild der Nächstenliebe
128 Seiten, 2011, Band 770,
ISBN 978-3-8367-0770-1

Clemens Engling
Anna Katharina Emmerick. Mystikerin der Nächstenliebe
144 Seiten, 2011, Band 739,
ISBN 978-3-8367-0739-8

Christian Feldmann
Träume beginnen zu leben. Große Christen des 20. Jahrhunderts
336 Seiten, 2015, premium,
ISBN 978-3-8367-0004-7

Monika Fink-Lang
Joseph Görres. Ein Leben im Zeitalter von Revolution und Restauration
176 Seiten, 2015, Band 1024,
ISBN 978-3-8367-1024-4

David Fraesdorff
Ansgar. Apostel des Nordens
128 Seiten, 2009, Band 633,
ISBN 978-3-8367-0633-9

Josef Gelmi
Die Päpste in Kurzbiographien. Von Petrus bis Franziskus.
216 Seiten, 4. Auflage 2013, Band 552,
ISBN 978-3-8367-0552-3

Josef Gelmi
Die schönsten Papstanekdoten. Von Petrus bis Benedikt XVI. Mit Zeichnungen von Peter Schwienbacher
144 Seiten, 2012, Band 817,
ISBN 978-3-8367-0817-3

Louise Gnädinger
Katharina von Siena. Briefe für eine Erneuerung der Kirche
240 Seiten, 2011, Band 740,
ISBN 978-3-8367-0740-4

Hermann-Josef Große Kracht
Wilhelm Emmanuel von Ketteler. Ein Bischof in den sozialen Debatten seiner Zeit
240 Seiten, 2011, Band 791,
ISBN 978-3-8367-0791-6

Rita Haub
Alfred Delp. Im Widerstand gegen Hitler
128 Seiten, 2. Auflage 2015, Band 1007,
ISBN 978-3-8367-1007-7

Rita Haub
Franz von Tattenbach SJ. Die Sorge um den Menschen steht im Mittelpunkt. Ein Erzieher für Mittelamerika
128 Seiten, 2010, Band 733,
ISBN 978-3-8367-0733-6

Waltraud Herbstrith (Hg.)
Edith Stein. Ein Lebensbild in Zeugnissen und Selbstzeugnissen
187 Seiten, 3. Auflage 2013, Band 401,
ISBN 978-3-8367-0401-4

Cosima Kiesner u. a. (Hg.)
Frauen und keine Fräulein. Maria Ward und die Congregatio Jesu
176 Seiten, 2009, Band 697,
ISBN 978-3-8367-0697-1

Gisbert Kranz
Thomas von Kempen. Der stille Reformer von Niederrhein
96 Seiten, 2012, Band 795,
ISBN 978-3-8367-0795-4

Martina Kreidler-Kos (Hg.)
Von wegen von gestern. Der Lebenskunst großer Frauen begegnen
144 Seiten, 2012, Band 799,
ISBN 978-3-8367-0799-2

Martina Kreidler-Kos / Ancilla Röttger / Niklaus Kuster
Klara von Assisi. Freundin der Stille – Schwester der Stadt
144 Seiten, 4. Auflage 2015, Band 561,
ISBN 978-3-8367-0561-5

Niklaus Kuster
Laurentius von Brindisi. Apostel auf den Straßen Europas
144 Seiten, 2010, Band 714,
ISBN 978-3-8367-0714-5

Josef Pieper
Thomas von Aquin. Leben und Werk
176 Seiten, 2014, Band 869,
ISBN 978-3-8367-0869-2

Anton Rotzetter
Klara und Franziskus. Bilder einer Freundschaft
111 Seiten, 3. Auflage 2011, Band 309,
ISBN 978-3-7867-8309-1

Walter Rupp
Friedrich Spee. Dichter und Kämpfer gegen den Hexenwahn
128 Seiten, 2. Auflage 2011, Band 589,
ISBN 978-3-8367-0589-9

Rudolf Schermann
Vinzenz von Paul. Anwalt der Armen
128 Seiten, 2015,
ISBN 978-3-8367-1025-1

Hans-Karl Seeger (Hg.)
Karl Leisner. Visionär eines geeinten Europas
160 Seiten, 2. Auflage 2012, Band 563,
ISBN 978-3-8367-0563-9

Dorothee Seelhöfer
Simone Weil. Philosophin – Gewerkschafterin – Mystikerin
176 Seiten, 2009, Band 679,
ISBN 978-3-8367-0679-7

Christine Sommer
Schwaches Weib – starke Worte. Streitreden der Katharina von Alexandrien
96 Seiten, 2010, Band 737,
ISBN 978-3-8367-0737-4

Barbara Stühlmeyer
Hildegard von Bingen. Leben – Werk – Verehrung
128 Seiten, 2014, Band 868,
ISBN 978-3-8367-0868-5

Barbara und Ludger Stühlmeyer
Bernhard Lichtenberg. Ich werde meinem Gewissen folgen
144 Seiten, 2013, Band 835,
ISBN 978-3-8367-0835-7

Markus Trautmann
Clemens August von Galen. Ich erhebe meine Stimme
128 Seiten, 2. Auflage 2010, Band 566,
ISBN 978-3-8367-0566-0

Herbert Vorgrimler
Karl Rahner. Zeugnisse seines Lebens und Denkens
320 Seiten, 2. Auflage 2011, Band 416,
ISBN 978-3-8367-0416-8

Hans-Ulrich Wiese
Prophetische Gestalten im 20. Jahrhundert
144 Seiten, 2009, Band 681,
ISBN 978-3-8367-0681-0

Andreas Wollbold
Therese von Lisieux. Auf dem kleinen Weg
160 Seiten, 2. Auflage 2015, Band 824,
ISBN 978-3-8367-0824-1

Theologische Reflexionen und Essays

Anton Grabner-Haider
Hitlers Theologie des Todes
176 Seiten, 2009, Band 682,
ISBN 978-3-8367-0682-7

Rainer Hagencord
Gott und die Tiere. Ein Perspektivenwechsel
144 Seiten, 2008, Band 632,
ISBN 978-3-7867-8632-0

Medard Kehl
Und was kommt nach dem Ende. Vom Weltuntergang und Vollendung, Wiedergeburt und Auferstehung
206 Seiten, 2. Auflage 2008, Band 571,
ISBN 978-3-8367-0571-4

Hans Kessler
Sucht den Lebenden nicht bei den Toten. Die Auferstehung Jesu Christi
528 Seiten, 2. Auflage 2011, Band 419,
ISBN 978-3-8367-0419-0

Jakob Johannes Koch
Heiliger Haydn? Der Begründer der Wiener Klassik und seine Religiosität
240 Seiten, 2009, Band 694,
ISBN 978-3-8367-0694-0

Jürgen Manemann
Über Freunde und Feinde. Brüderlichkeit Gottes
112 Seiten, 2008, Band 656,
ISBN 978-3-8367-0656-8

Karl-Heinz Menke
Handelt Gott, wenn ich ihn bitte?
197 Seiten, 3. Auflage 2008, Band 331,
ISBN 978-3-3867-0331-4

Thomas Moritz Müller / Reiner Schlotthauer (Hg.)
Gott denkend entdecken. Meilensteine der Theologie
376 Seiten, 2012, Band 801,
ISBN 978-3-8367-0801-2

Otto Hermann Pesch
Heute Gott erkennen
192 Seiten, 2012, Band 811,
ISBN 978-3-8367-0811-1

Josef Pieper
Über das Ende der Zeit. Eine geschichtsphilosophische Betrachtung
128 Seiten, 2014, Band 852,
ISBN 978-3-8367-0852-4

Josef Pieper
Glück und Kontemplation
96 Seiten, 2. Auflage 2015, Band 766,
ISBN 978-3-978-8367-0766-4

Josef Pieper
Hoffnung und Geschichte. Der Mensch und seine Zukunft
96 Seiten, 2013, Band 837,
ISBN 978-3-8367-0837-1

Josef Pieper
Philosophen und Theologen des Mittelalters. Gestalten und Probleme
208 Seiten, 2015, Band 1011,
ISBN 978-3-8367-1011-4

Josef Pieper
Tod und Unsterblichkeit
160 Seiten, 2012, Band 793,
ISBN 978-3-8367-0793-0

Josef Pieper
Überlieferung. Begriff und Anspruch
96 Seiten, 2015, Band 889,
ISBN 978-3-978-8367-0889-0

Josef Pieper
Zustimmung zur Welt. Eine Theorie des Festes
96 Seiten, 2012, Band 765,
ISBN 978-3-978-8367-0765-7

Willibald Sandler
Der verbotene Baum im Paradies. Was es mit dem Sündenfall auf sich hat
208 Seiten, 2009, Band 689,
ISBN 978-3-8367-0689-6

Willibald Sandler
Die gesprengten Fesseln des Todes. Wie wir durch das Kreuz erlöst sind
192 Seiten, 2011, Band 701,
ISBN 978-3-8367-0701-5

Roman A. Siebenrock
Christliches Martyrium. Worum es geht
104 Seiten, 2009, Band 662,
ISBN 978-3-8367-0662-9

Paul H. Welte
Erlösung – wie und warum? Was Christen unter Heil verstehen
272 Seiten, 2015, Band 1021,
ISBN 978-3-8367-1021-3

Romano Guardini

Barbara Gerl-Falkovitz
Romano Guardini. Konturen des Lebens und Spuren des Denkens
328 Seiten, 2. Auflage 2010, Band 553,
ISBN 978-3-8467-0553-0

Romano Guardini
Die Annahme seiner selbst. Den Menschen erkennt nur, wer von Gott weiß
77 Seiten, 7. Auflage 2008, Band 490,
ISBN 978-3-8367-0490-8

Romano Guardini
Die letzten Dinge
128 Seiten, 2. Auflage 2008, Band 461,
ISBN 978-3-8367-0461-8

Romano Guardini
Engel. Theologische Betrachtungen
96 Seiten, 2. Auflage 2008, Band 337,
ISBN 978-3-8367-0337-6

Romano Guardini
Das Gebet des Herrn
112 Seiten, 11. Auflage 2015, Band 366,
ISBN 978.3-8367-0366-6

Romano Guardini
Der Kreuzweg unseres Herrn und Heiland
70 Seiten, 7. Auflage 2010, Band 386,
ISBN 978-3-8367-0386-4

Romano Guardini
Vom Leben des Glaubens
160 Seiten, 3. Auflage 2009, Band 684,
ISBN 978-3-8367-0684-1

Romano Guardini
Lesebuch der Lebensweisheit.
Täglich ein Text
128 Seiten, 2013, Band 857,
ISBN 978-3-8367-0857-9

Romano Guardini
Gib Raum den Dingen. Ein Lesebuch.
Eingeleitet und ausgewählt von Hanna-Barbara Gerl-Falkovitz
128 Seiten, 2013, Band 830,
ISBN 978-3-8367-0830-2

Romano Guardini
Vom Sinn der Schwermut
107 Seiten, 10. Auflage 2014, Band 511,
ISBN 978-3-8367-0511-0

Romano Guardini
Der Tod des Sokrates. Eine Interpretation der platonischen Schriften Euthyphron, Apologie, Kriton und Phaidon
288 Seiten, 2. Auflage 2013, Band 430,
ISBN 978 3 8367 0430-4

Romano Guardini
Die Lebensalter. Ihre ethische und pädagogische Bedeutung
104 Seiten, 7. Auflage 2016, Band 1029,
ISBN 978-3-8367-1029-9

Romano Guardini
Deutscher Psalter
280 Seiten, 2010, Band 720,
ISBN 978-3-8367-0720-6

Romano Guardini
Der Rosenkranz Unserer Lieben Frau
85 Seiten, 7. Auflage 2009, Band 460,
ISBN 978-3-8367-0460-1

Romano Guardini
Der Sonntag. gestern – heute – immer
96 Seiten, 4. Auflage 2008, Band 364,
ISBN 978-3-8367-0364-2

Romano Guardini
Von heiligen Zeichen
82 Seiten, 6. Auflage 2008, Band 365,
ISBN 978-3-8367-0365-9

Weihnachten und Ostern

Elisabeth Bernet
Im gefällten Baum nistet kein Vogel. Geschichten und Motive zu Ostern
152 Seiten, 2011, Band 735,
ISBN 978-3-8367-0735-0

Elisabeth Bernet
Der Mantel des Sterndeuters. Geschichte und Motive zu Weihachten
140 Seiten, 2. Auflage 2011, Band 774,
978-3-8367-0774-9

Rudolf Bischof / Klaus Gasperi (Hg.)
Weil wir im Herzen barfuß sind. Ein Lesebuch zur Advents- und Weihnachtszeit
207 Seiten, 4. Auflage 2011, Band 394,
ISBN 9783-8367-0394-9

Hermann-Josef Frisch
Auf uns wartet das Leben. Was wir an Ostern feiern
136 Seiten, 2015, Band 898,
ISBN 978-3-978-8367-0898-2

Marlene Fritsch (Hg.)
Wie das Christkind in die Windeln kam und andere ungewöhnliche Geschichten
128 Seiten, 2012, Band 828,
ISBN 978-3-8367-0828-9

Romano Guardini
Nähe des Herrn. Betrachtungen über Advent, Weihnachten, Jahreswende und Epiphanie
96 Seiten, 2009, Band 707,
ISBN 978-3-8367-0707-7

Anneliese Hück [Hg.]
Betlehem ist nicht mehr fern. Ein Adventskalenderbuch für stille Stunden
80 Seiten, 2015, Band 1031,
ISBN 978-3-8367-1031-2

Günter Jena
Brich an, o schönes Morgenlicht. Das Weihnachtsoratorium von Johann Sebastian Bach
256 Seiten, 2009, Band 708,
ISBN 978-3-8367-0708-4

Selma Lagerlöf
Die schönsten Weihnachtsgeschichten
80 Seiten, 2015, Band 1026,
ISBN 978-3-8367-1026-8

Hermann Multhaupt (Hg.)
Es duftet nach Weihnachten. Texte von J. W. Goethe, Adalbert Stifter, Theodor Storm, Hermann Löns, Peter Rosegger u. a.
128 Seiten, 2010, Band 744,
ISBN 978-3-8367-0744-2

Hermann Multhaupt (Hg.)
Am Weihnachtsbaum die Lichter brennen. Die schönsten Gedichte und Lieder von Advent bis Dreikönig
96 Seiten, 2011, Band 781,
ISBN 978-3-8367-0781-7

Tobias Schmid
Die Botschaft des Engels. Lesebuch zur Advents- und Weihnachtszeit
80 Seiten, 2013, Band 855,
ISBN 978-3-8367-0855-5

Christa Spilling-Nöker
Wenn ein Licht vom Himmel fällt. Geschichten und Gedanken zur Advents- und Weihnachtszeit
104 Seiten, 2014, Band 897,
ISBN 978-3-978-8367-0897-5

Martin Schmeisser (Hg.)
Wenn es Weihnachten wird. Ein Taschenbuch-Adventskalender
80 Seiten, 2009, Band 703,
ISBN 978-3-8367-0703-9

Tobias Schmid
Wenn Engel mit den Sternen spielen.
144 Seiten, 2009, Band 698,
ISBN 978-3-8367-0698-8

Autorenregister

Abeln, Reinhard 172, 175, 192f.
Albus, Michael 178, 188
Alkofer, Andreas Pazifikus 193
Arntz, Norbert 171

Baltes, Gisela 193
Baumgartner, Konrad 193
Beinert, Wolfgang 188
Benz, Arnold 188
Bergengruen, Werner 172
Betz, Otto 172f.
Bernet, Elisabeth 200
Bieger, Eckhard 188
Bischof, Rudolf 200
Biser, Eugen 178
Blarer, Stepan 176
Boff, Leonardo 179, 186, 188
Bosco, Teresio 194
Bossis, Gabrielle 184
Brantschen, Johannes 186
Brantzen, Hubertus 179
Broch, Thomas 179
Brockman, James R. 194
Bruners, Wilhelm 179
Brunst, Monika Dorothea 179
Bubmann, Peter 176
Bühlmann, Walbert 171
Bundschuh-Schramm, Cristiane 179
Butzkamm, Aloys 188

Cardinal, Claudia 186

Daiker, Angelica 186
Delbrêl, Madeleine 184
Dickerhoff, Heinrich 176
Dionysius Areopagita 184
Dohmen, Christoph 188
Drewermann, Eugen 184
Drouve, Andreas 179, 194
Dyckhoff, Peter 179

Eckhart, Meister 185
Eggensperger, Thomas 188
Engel, Ulrich 188
Engling, Clemens 194
Espinal, Luis 184
Ewald, Günter 171

Fässler-Weibel, Peter 186
Feldmann, Christian 194
Fietzek, Petra 184
Fink-Lang, Monika 194
Fraesdorff, David 194
Franz von Sales 185
Franziskus, Papst 173, 179
Frisch, Hermann-Josef 200
Fritsch, Marlene 200
Fthenakis, Wasilios E. 178
Fuchs, Ottmar 188

Gaidetzka, Petra 186
Gasperi, Klaus 200
Gelmi, Josef 171, 194
Gerl-Falkovitz, Hanna-Barbara 198
Gibran, Khalil 173
Gnädinger, Louise 194
Göbel, Kathleen 173
Gössmann, Wilhelm 184
Grabner-Haider, Anton 196
Greshake, Gisbert 179
Große Kracht, Hermann Josef 194
Grün, Anselm 173
Guardini, Romano 198f.

Hagencord, Rainer 196
Hagmann, Rudolf 180
Hanglberger, Manfred 176
Hartmann, Gerhard 171, 173f., 193
Haub, Rita 189, 194f.
Heizer, Martha 171
Henrix, Hans Hermann 189
Herbstrith, Waltraud 180, 185, 195
Hieke, Thomas 188
Hipp, Theo 188
Hofer, Markus 180
Hoff, Gregor Maria 189
Hoffsümmer, Willi 180
Hofmann, Gertrud 189
Hohn-Morisch, Ludger 180
Holtkamp, Jürgen 171
Hück, Anneliese 200
Hurka, Peter 171

Illa, Andreas 172
Imbach, Josef 189

Jacobi, Jana 189
Jalics, Franz 185
Jena, Günter 200
Jochum, Uwe 189
Johannes XXIII. 180
Juchli, Liliane 183
Jülicher, Jochen 180

Kehl, Medard 197
Kempen, Thomas von 185
Kessler, Hans 197
Kiechle, Stefan 189
Kiesner, Cosima 195
Koch, Jakob Johannes 197
Kock, Erich 174
König, Franz Kardinal 180
Kornprobst, Roswitha 185
Kothgasser, Alois 176
Kottlorz, Peter 174
Kramer, Kurt 190
Kranz, Gisbert 195
Krätzl, Helmut 181
Krebber, Werner 189
Kreidler-Kos, Martina 181, 190, 195
Kuschel, Karl-Josef 139, 190
Kuster, Niklaus 181, 195

Lagerlöf, Selma 200
Lambert, Willi 181
Langemeyer, Bernhard 187
Läufer, Erich 181

Lehmann, Leonhard 185
Lehner, Ulrich 192
Leimgruber, Stephan 172
Leitgöb, Martin 190
Leitschuh, Marcus C. 190
Lukas, Elisabeth 176f.
Lüning, Peter 190

Maier, Hans 190
Manemann, Jürgen 197
Martini, Carlo 181
Meck, Sabine 174f.
Menke, Karl-Heinz 197
Merz, Vreni 174
Metz, Johann B. 190
Müller, Thomas Moritz 197
Müller, Wunibald 177
Multhaupt, Hermann 174f., 200f.,

Niederberger, Lukas 185
Nietsch-Ochs, Claudia 181
Nonn, Nikolaus 181

Oeldemann, Johannes 191
Ohlig, Karl-Heinz 190
Oosterhuis, Huub 185

Paganini, Claudia und Simon 191
Patsch, Inge 177f.
Pesch, Otto Hermann 172, 185, 191, 197
Pieper, Josef 195, 197f.
Porete, Margareta 185
Puzicha, Michaela 183

Rath, Philippa 191
Reschke, Edda 187
Rick, Henrike 181
Rilke, Rainer Maria 101
Rohr, Richard 178
Rose, Heidi 191
Röttger, Ancilla 195
Rotzetter, Anton 172, 195
Rupp, Walter 195

Sailer, Johann Michael 178
Sales, Franz von 185
Sandherr, Susanne 175
Sandherr-Klemp, Dorothee 175
Sandler, Willibald 198
Schäfer, Klaus 172, 187
Schaller, Hans 178, 181f.
Schambeck, Mirjam 182
Schaupp, Klemens 182
Schellenberger, Bernardin 182, 191
Schermann, Rudolf 195
Schlager, Stefan 191
Schlegel, Helmut 182
Schlink, Edmund 191
Schlotthauer, Reiner 197
Schmeisser, Martin 201
Schmid, Tobias 201
Schürmann, Iris 187
Schütz, Christian 191
Schwikart, Georg 187
Sedmak, Clemens 176
Seefelder, Maximilian 191
Seeger, Hans-Karl 195
Seelhöfer, Dorothee 196

Siebenrock, Roman 198
Sill, Bernhard 176
Six, Andrea 182
Sohn, Andreas 192
Sohn-Kronthaler, Michaela 192
Sölle, Dorothee 182
Sommer. Christine 196
Sörries, Reiner 172
Spilling-Nöker, Christa 175, 201
Steffensky, Fulbert 182
Steger, Brunhilde 191
Storch, Walburga 186
Stratmann, Maria Andrea 193
Stühlmeyer, Barbara und Ludger 196
Stutz, Pierre 182
Sudbrack, Josef 182

Tamcke, Martin 182
Terstriep, Dominik 182
Thomas von Kempen 185
Toll, Claudia 187
Trautmann, Markus 196
Troll, Christian 172

Vellguth, Klaus 192
Vermaat, Anne-Maric 187
Voigt, Dieter 174f.
Vollweider, Samuel 188
Vorgrimler, Herbert 192, 196
Voss, Gerhard 192

Walter, Silja 183
Weckmann, Berthold 173, 175
Wehr, Gerhard 178
Welte, Bernhard 183
Welte, Paul H. 198
Wendel, Saskia 183
Widmann, Gertrud 191
Wiedenhaus, Ansgar 183
Wiese, Hans-Ulrich 196
Wild, Peter 178
Wolff, Uwe 192
Wollbold, Andreas 196
Wüstenväter 186

Zenetti, Lothar 186
Zenger, Erich 192
Zink, Jörg 183
Zulehner, Paul M. 172, 183

topos taschenbücher

Gerhard Hartmann / Berthold Weckmann (Hg.)

Was mir gut tut

Papst Franziskus, Rainer Maria Rilke,
Franz Kardinal König, Fulbert Steffensky u. a.

152 Seiten

Band 901
ISBN 978-3-8367-0901-9